Descubra Juegos Gratis Online

Disponibles Aquí:

BestActivityBooks.com/FREEGAMES

5 CONSEJOS PARA EMPEZAR

1) CÓMO RESOLVER LAS SOPA DE LETRAS

Los rompecabezas tienen un formato clásico:

- Las palabras se ocultan sin espacios ni guiones,...
- Orientación: Las palabras pueden escribirse hacia delante, hacia atrás, hacia arriba, hacia abajo o en diagonal (pueden estar invertidas).
- Las palabras pueden superponerse o cruzarse.

2) APRENDIZAJE ACTIVO

Junto a cada palabra hay un espacio para anotar la traducción. Para fomentar un aprendizaje activo, un **DICCIONARIO** al final de esta edición te permitirá comprobar y ampliar tus conocimientos. Busca y anota las traducciones, encuéntralas en el puzzle y añádelas a tu vocabulario!

3) MARCAR LAS PALABRAS

Puedes inventar tu propio sistema de marcado. ¿Quizás ya usas uno? También puedes, por ejemplo, marcar las palabras difíciles de encontrar con una cruz, las que te gustan con una estrella, las nuevas con un triángulo, las raras con un diamante, etc.

4) ESTRUCTURAR EL APRENDIZAJE

Esta edición ofrece un **CUADERNO DE NOTAS** muy práctico al final del libro. En vacaciones, de viaje o en casa, podrás organizar fácilmente tus nuevos conocimientos sin necesidad de un segundo cuaderno!

5) ¿HABÉIS TERMINADO TODAS LAS PARRILLAS?

En las últimas páginas de este libro, en la sección **DESAFÍO FINAL**, encontrarás un juego gratis!

¡Rápido y sencillo! Echa un vistazo a nuestra colección de libros de actividades para tu próximo momento de diversión y aprendizaje, ¡a sólo un clic de distancia!

Encuentre su próximo reto en:

BestActivityBooks.com/MiProximoLibro

En sus marcas, listos, ¡Ya!

¿Sabías que hay unas 7.000 lenguas diferentes en el mundo? Las palabras son preciosas.

Nos encantan los idiomas y hemos trabajado duro para crear libros de la más alta calidad para tí. ¿Nuestros ingredientes?

Una selección de temas adecuados para el aprendizaje, tres buenas porciones de entretenimiento, y luego añadimos una cucharada de palabras difíciles y una pizca de palabras raras. Los servimos con cariño y máxima diversión para que puedas resolver los mejores juegos de palabras y te diviertas aprendiendo!

Tu opinión es esencial. Puedes participar activamente en el éxito de este libro dejándonos un comentario. Nos encantaría saber qué es lo que más le ha gustado de esta edición.

Aquí hay un enlace rápido a tu página de pedidos:

BestBooksActivity.com/Opiniones50

Gracias por tu ayuda y diviértete!

Todo el equipo

1 - Agua

```
F  R  O  S  T  G  B  M  B  S  A  F  R  Z
M  O  N  S  U  N  A  K  R  O  V  U  W  S
N  A  L  G  V  I  G  B  E  L  D  K  X  Y
J  O  S  N  Ö  N  N  E  R  X  U  T  F  F
Z  L  I  I  M  T  Å  Z  R  D  N  I  U  G
D  L  C  N  O  T  D  N  L  R  S  G  K  E
D  K  N  M  L  A  N  A  K  I  T  T  T  J
G  Y  A  Ä  R  V  A  H  D  C  N  D  I  S
H  C  S  V  I  E  T  N  I  K  I  Y  G  E
M  N  P  S  H  B  V  K  P  B  N  K  H  R
M  H  N  R  M  F  M  Å  S  A  G  R  E  M
H  I  I  E  M  J  L  R  G  R  U  J  T  A
P  T  G  V  G  J  O  O  G  O  C  T  Y  E
W  P  K  Ö  H  C  S  U  D  A  R  S  J  Ö
```

KANAL	SJÖ
DUSCH	REGN
AVDUNSTNING	MONSUN
GEJSER	SNÖ
FROST	HAV
IS	VÅGOR
FUKTIGHET	DRICKBAR
ORKAN	BEVATTNING
FUKTIG	FLOD
ÖVERSVÄMNING	ÅNGA

2 - Arqueología

```
U D X P C K A N T I K E N A
U S C I V I L I S A T I O N
K T N M J L G X Y R Å H B K
H M V V M E R W L E P M E T
F T T Ä U R A L A J O J M B
G O X F R E V E N A C K Z E
G L O S H D X H A U F F D N
K I Ö I I L E P U T W H J Ä
G K L M M U I R E T S Y M T
D C X O T S G I I R F O R T
F O R S K A R E G N T K T L
F O S S I L W S X G G Ä E I
B O B J E K T H T C R N A N
P R O F E S S O R V I D M G
```

ANALYS	FOSSIL
ANTIKEN	BEN
ÅR	FORSKARE
CIVILISATION	MYSTERIUM
ÄTTLING	OBJEKT
OKÄND	GLÖMT
TEAM	PROFESSOR
ERA	RELIK
UTVÄRDERING	TEMPEL
EXPERT	GRAV

3 - Granja #2

```
D X Y W U Y T H T S H L A B
G N I N T T A V E B X V R O
L T S H D D J X T R U J D N
A L J F L V M G E Å D X R D
M L A D A U F J V F P E E E
M L M W O G D P Ö J Y S U B
F R U K T V I G B L X B O I
J W D I Y T Y N R O K I E C
L O N A F M Z Ä I R N K X N
K A S N Ö R G A S V O U F M
V K M K W R H H S T P P K A
L N U A T R A K T O R A T T
O A Y Y E M D N X Z H J K B
P F R U K T T R Ä D G Å R D
```

BONDE
DJUR
KORN
BIKUPA
MAT
LAMM
FRUKT
LADA
FRUKTTRÄDGÅRD
MJÖLK

LAMA
MAJS
FÅR
HERDE
ANKA
ÄNG
BEVATTNING
TRAKTOR
VETE
GRÖNSAK

4 - La Empresa

```
F  T  R  E  N  D  E  R  R  F  V  P  I  D
B  Ö  J  M  W  A  G  V  I  C  I  V  N  P
M  D  R  J  Y  F  X  Y  S  C  T  R  N  R
I  J  C  E  S  L  I  D  K  Z  A  A  O  O
H  N  V  V  T  X  Ö  L  E  D  E  M  V  D
B  Z  K  I  Z  A  U  N  R  E  R  U  A  U
A  P  U  O  X  X  G  C  W  I  K  S  T  K
B  U  S  Y  M  G  L  O  B  A  L  H  I  T
E  J  I  R  T  S  U  D  N  I  A  W  V  X
S  G  N  I  R  E  T  S  E  V  N  I  T  T
L  P  R  O  F  E  S  S  I  O  N  E  L  L
U  R  Y  K  T  E  K  V  A  L  I  T  E  T
T  M  Ö  J  L  I  G  H  E  T  W  D  E  N
Z  D  C  W  G  H  F  R  A  M  S  T  E  G
```

KVALITET	MÖJLIGHET
KREATIV	PRODUKT
BESLUT	PROFESSIONELL
GLOBAL	FRAMSTEG
INDUSTRI	MEDEL
INKOMST	RYKTE
INNOVATIVT	RISKER
INVESTERING	LÖN
FÖRETAG	TRENDER

5 - Aviones

```
H  G  U  D  T  U  Z  U  N  P  X  E  R  U
L  Z  S  B  H  Ö  J  D  A  A  F  X  I  Y
E  A  L  K  M  T  R  G  V  S  T  N  K  A
M  I  N  P  I  L  O  T  I  S  S  O  T  R
M  R  G  D  E  L  T  W  G  A  R  I  N  Ä
I  O  I  O  N  N  O  X  E  G  E  T  I  F
H  T  S  J  L  I  M  S  R  E  L  K  N  S
R  S  E  C  L  A  N  T  A  R  L  U  G  O
A  I  D  A  G  C  K  G  Z  A  E  R  F  M
D  H  Ä  V  E  N  T  Y  R  R  P  T  R  T
B  A  L  L  O  N  G  O  Y  E  O  S  W  A
B  R  Ä  N  S  L  E  Z  Z  T  R  N  L  V
T  U  R  B  U  L  E  N  S  Ä  P  O  A  K
P  U  W  Y  I  Z  K  H  P  V  T  K  C  A
```

LUFT	BALLONG
HÖJD	PROPELLER
LANDNING	VÄTE
ATMOSFÄR	HISTORIA
ÄVENTYR	MOTOR
HIMMEL	NAVIGERA
BRÄNSLE	PASSAGERARE
KONSTRUKTION	PILOT
RIKTNING	TURBULENS
DESIGN	

6 - Tipos de Cabello

```
B  T  D  G  Y  U  Y  M  W  K  L  T  B  M
K  S  P  A  L  E  C  G  E  N  O  J  D  L
I  R  K  R  O  T  Ä  L  F  X  X  O  J  I
V  I  N  G  D  O  I  T  D  T  T  C  F  M
J  Å  R  G  S  R  E  V  L  I  S  K  R  N
N  C  G  S  U  R  F  L  Ä  T  A  D  S  L
U  T  G  I  K  C  O  L  R  A  K  C  O  L
R  J  N  N  G  L  R  B  J  X  S  U  E  B
B  L  O  N  D  Å  R  C  I  E  I  Z  J  D
I  E  D  N  A  N  I  K  S  B  R  I  O  M
Z  I  T  U  V  G  U  Z  L  E  F  K  M  X
K  O  R  T  R  A  V  S  X  E  M  V  W  O
S  K  A  L  L  I  G  O  Y  J  U  E  P  G
F  P  V  D  F  Y  E  S  R  A  L  D  L  V
```

VIT	VÅGIG
SKINANDE	SILVER
SKALLIG	LOCKIGT
KORT	LOCKAR
TUNN	BLOND
GRÅ	FRISKA
TJOCK	TORR
LÅNG	MJUK
BRUN	FLÄTAD
SVART	FLÄTOR

7 - Ética

```
R  E  S  P  E  K  T  F  U  L  L  A  D  V
R  E  A  L  I  S  M  O  D  S  I  V  F  Ä
S  A  M  A  R  B  E  T  E  N  H  J  N  N
R  A  T  I  O  N  A  L  I  T  E  T  E  L
C  M  S  I  L  A  U  D  I  V  I  D  N  I
M  Ä  N  S  K  L  I  G  H  E  T  E  N  G
S  T  V  N  M  I  Z  A  I  A  V  E  R  H
I  Å  Ä  A  M  J  T  L  R  L  R  D  H  E
M  L  R  R  H  E  K  T  O  N  M  W  D  T
I  A  D  E  I  S  G  R  C  C  J  I  J  V
T  M  E  L  G  C  R  U  P  J  J  F  R  H
P  O  N  O  T  E  T  I  R  G  E  T  N  I
O  D  G  T  I  F  O  S  O  L  I  F  H  E
N  Y  K  S  I  T  A  M  O  L  P  I  D  F
```

ALTRUISM
VÄNLIGHET
SAMARBETE
DIPLOMATISK
FILOSOFI
MÄNSKLIGHETEN
INDIVIDUALISM
INTEGRITET
OPTIMISM

TÅLAMOD
RATIONALITET
RIMLIG
REALISM
RESPEKTFULL
VISDOM
TOLERANS
VÄRDEN

8 - Ciencia Ficción

```
G A V L Ä G S E N G M R Z L
A F A N T A S T I S K E C C
L I L L U S I O N N P A Y A
A P E K X P X D E K D L E E
X O K R R Ä N I G A M I X X
B T A R I U P B O D W S X T
I U R V O B E K R I A T P R
O T O M Ä B E A T D V I M E
B A T O M R O K S I T S Y M
U Ö R L Y I L T K I N K E T
O X C A P X W D A W S N Z U
I J O K W U D K P R E X B Z
D I X W E E X P L O S I O N
X V K L V R P L A N E T R S
```

ATOM
BIO
AVLÄGSEN
EXPLOSION
EXTREM
FANTASTISK
ELD
TROGEN
GALAX
ILLUSION

IMAGINÄR
BÖCKER
MYSTISK
VÄRLD
ORAKEL
PLANET
REALISTISK
ROBOTAR
TEKNIK
UTOPI

9 - Circo

```
A U D K E M G T C Y C A J E
V O J C X L O M Ä J V A O L
W N U Z W D D C U L U F N E
E S R A E R I U L S T O G F
P R E G I T S M E O I L L A
I E Å S K Å D A R E W K Ö N
X G K O S T Y M G I V N R T
U N D E R H Å L L A M D Y Z
N O J E L T L U R A A S I V
S L R A K L L O R T G H S A
Y L A K R O B A T K I L N K
G A P N H A G W J E B O V G
R B A Z L A F P F U V N K F
P A R A D J A B W A P N V N
```

AKROBAT	MAGI
DJUR	TROLLKARL
GODIS	JONGLÖR
TÄLT	APA
PARAD	VISA
ELEFANT	MUSIK
UNDERHÅLLA	CLOWN
ÅSKÅDARE	TIGER
BALLONGER	KOSTYM
LEJON	LURA

10 - Granja #1

```
F  N  S  F  O  K  G  D  Y  X  V  C  E  R
X  W  T  T  P  A  N  S  Å  R  T  P  G  I
D  Z  A  R  U  T  E  G  S  M  F  K  A  S
W  G  K  F  L  T  S  H  X  F  S  Z  O  S
H  X  E  R  H  X  U  R  W  B  Ä  D  H  J
K  Ä  T  Ö  K  L  G  W  X  A  V  L  A  K
Y  G  S  N  X  N  I  S  H  B  K  E  T  H
C  U  D  T  H  U  N  D  Ö  I  Z  S  G  D
K  L  B  A  N  V  J  N  A  S  F  D  R  F
L  T  Z  O  C  K  D  A  K  D  N  Ö  D  R
I  O  D  K  W  E  O  L  Å  A  U  G  A  K
N  E  T  T  A  V  J  O  R  D  B  R  U  K
G  N  U  N  O  H  M  H  K  D  I  X  O  J
B  H  B  G  C  S  U  J  G  N  M  W  Z  C
```

BI	KATT
JORDBRUK	HÖ
VATTEN	HONUNG
RIS	HUND
ÅSNA	KYCKLING
HÄST	FRÖN
GET	KALV
FÄLT	LAND
KRÅKA	KO
GÖDSEL	STAKET

11 - Camping

```
N  R  Y  H  O  I  J  G  H  S  B  M  Ä  U
C  A  O  Y  K  O  M  P  A  S  S  Å  V  T
W  B  T  T  A  H  V  E  B  Y  P  N  E  R
W  S  O  U  Z  D  Ä  R  T  I  R  E  N  U
D  J  N  P  R  L  K  N  H  E  B  U  T  S
E  Ö  A  W  J  E  A  Z  G  R  E  B  Y  T
K  I  K  L  B  P  R  S  H  M  U  G  R  N
L  L  Y  K  T  A  T  G  C  D  A  C  N  I
L  S  K  O  G  K  A  S  R  T  J  T  O  N
N  H  B  M  R  Z  G  J  A  K  T  U  T  G
R  F  H  J  L  P  U  J  H  E  X  X  R  A
X  A  H  N  P  X  T  I  H  S  H  A  M  K
T  D  F  C  O  V  S  N  G  N  P  U  E  J
X  Z  W  K  O  M  B  J  G  I  D  O  K  K
```

DJUR	ELD
ÄVENTYR	HÄNGMATTA
TRÄD	INSEKT
SKOG	SJÖ
KOMPASS	LYKTA
STUGA	MÅNE
KANOT	KARTA
JAKT	BERG
REP	NATUR
UTRUSTNING	HATT

12 - Fruta

```
P E R S I K A Y A P A P U A
A L O U W B Ä R P E V M O P
J P Y V I D S I I Ä U T U R
K P N C K R A R G U R H Z I
Z Ä G U A V A R C J D O D K
H S C K V N I R A T K E N O
H N C W Ö O D A K O V A A S
G A O A J R F V Y G K B P R
Z F L D Y T S L W N V N E F
W M C L P I A B M A H V L L
A A Y W O C N B Ä M D T S Z
M E L O N N A R R R C X I E
Y R C H D F N A N A B V N F
X S K O O M A B I K O K O S
```

AVOKADO
APRIKOS
BÄR
KÖRSBÄR
KOKOS
HALLON
GUAVA
KIWI
CITRON
MANGO

ÄPPLE
PERSIKA
MELON
APELSIN
NEKTARIN
PAPAYA
PÄRON
ANANAS
BANAN
DRUVA

13 - Geología

```
E  Z  M  M  N  A  M  W  S  T  R  A  V  K
K  O  N  T  I  N  E  N  T  Y  M  D  V  E
L  I  S  S  O  F  N  R  C  G  R  Z  L  H
J  A  H  D  F  F  O  E  O  C  E  A  R  O
O  V  G  B  F  T  I  T  K  A  L  A  T  S
R  A  T  E  G  L  S  I  G  G  A  K  S  G
D  L  U  O  R  A  O  M  E  W  R  O  T  R
B  K  R  B  X  S  R  G  J  V  E  R  E  O
Ä  S  A  I  B  F  E  A  S  U  N  A  N  T
V  F  J  L  K  U  R  L  E  L  I  L  H  T
N  U  D  C  C  B  N  A  R  K  M  L  J  A
I  F  O  I  G  I  B  T  X  A  H  L  G  V
N  S  Y  J  N  C  U  S  O  N  J  K  T  P
G  P  L  A  T  Å  O  M  Y  W  Y  J  R  A
```

SYRA
KALCIUM
LAGER
GROTTA
KONTINENT
KORALL
KVARTS
EROSION
STALAKTIT
STALAGMITER

FOSSIL
GEJSER
LAVA
PLATÅ
MINERALER
STEN
SALT
JORDBÄVNING
VULKAN

14 - Álgebra

```
N  T  I  M  O  R  T  G  H  W  F  G  S  J
I  L  C  Y  Z  Ä  P  C  G  D  A  K  I  J
R  M  G  N  D  J  N  J  Y  T  K  P  F  F
I  N  B  Y  V  N  N  D  W  T  T  X  F  R
E  K  V  A  T  I  O  N  L  L  O  N  R  A
N  S  F  S  Z  L  N  P  D  I  R  G  A  K
J  L  D  O  M  A  T  R  I  S  G  G  L  T
O  A  M  R  R  L  Ö  S  N  I  N  G  K  I
D  F  X  T  Y  M  E  L  B  O  R  P  N  O
O  B  Y  S  L  S  E  X  K  F  J  Z  E  N
D  I  A  G  R  A  M  L  N  B  S  P  R  I
E  X  P  O  N  E  N  T  S  I  H  O  Ö  K
P  A  R  E  N  T  E  S  W  Y  Z  O  F  V
D  I  V  I  S  I  O  N  H  M  K  L  X  X
```

NOLL	OÄNDLIG
DIAGRAM	LINJÄR
DIVISION	MATRIS
EKVATION	SIFFRA
EXPONENT	PARENTES
FAKTOR	PROBLEM
FALSK	FÖRENKLA
FORMEL	LÖSNING
FRAKTION	

15 - Plantas

```
F  B  T  A  C  D  Z  Y  M  J  T  Z  Z  C
L  U  R  I  G  L  P  D  U  M  O  S  S  A
O  S  Ä  T  O  R  U  O  R  B  L  N  N  K
R  K  D  B  I  P  Ä  R  G  O  M  U  P  R
A  E  G  Ä  L  N  D  S  R  T  D  A  D  O
S  H  Å  R  Ö  V  I  U  Ö  A  N  G  B  N
P  L  R  S  V  L  N  T  N  N  V  N  F  B
Z  G  D  J  V  B  B  K  A  I  B  Z  L  L
H  D  P  C  E  U  C  A  S  K  G  L  E  A
S  P  E  D  R  P  R  K  K  A  C  E  A  D
S  K  O  G  K  Y  E  V  V  A  W  S  B  D
E  O  B  H  B  L  O  M  M  A  G  D  Ö  Ä
S  L  X  S  X  T  Z  X  X  D  V  Ö  N  R
V  E  G  E  T  A  T  I  O  N  J  G  A  T
```

BUSKE	LÖVVERK
TRÄD	BÖNA
BAMBU	MURGRÖNA
BÄR	GRÄS
SKOG	BLAD
BOTANIK	TRÄDGÅRD
KAKTUS	MOSSA
GÖDSEL	KRONBLAD
BLOMMA	ROT
FLORA	VEGETATION

16 - Suministros de Arte

```
N  P  B  L  Ä  C  K  T  Z  X  Z  V  O  N
C  K  A  Y  Y  E  O  E  R  W  E  L  L  V
C  G  K  P  Z  F  N  T  E  G  V  L  J  T
N  I  B  D  P  T  M  I  L  T  Y  K  A  Z
R  X  F  P  B  E  H  V  L  I  I  A  N  V
U  Z  Ä  L  N  O  R  I  E  L  M  M  F  L
H  B  R  V  V  W  N  T  R  F  M  E  Ä  A
L  L  G  W  D  B  A  A  A  F  U  R  R  M
B  O  R  S  T  A  R  E  V  A  G  A  G  T
W  K  T  I  D  É  E  R  K  T  D  T  E  N
N  Ä  U  S  Z  L  L  K  A  S  D  K  R  C
V  R  P  Z  P  E  N  N  O  R  U  B  S  S
R  T  S  T  A  B  E  L  L  H  S  D  C  M
J  L  A  K  R  Y  L  V  A  T  T  E  N  W
```

OLJA	FÄRGER
AKRYL	KREATIVITET
AKVARELLER	IDÉER
VATTEN	PENNOR
LERA	TABELL
SUDDGUMMI	PAPPER
STAFFLI	LIM
TRÄKOL	FÄRG
KAMERA	STOL
BORSTAR	BLÄCK

17 - Negocio

```
I  N  V  E  S  T  E  R  I  N  G  S  X  S
E  A  N  S  T  Ä  L  L  D  G  R  P  K  K
S  K  R  A  B  A  T  T  R  Z  B  R  P  A
F  I  O  N  O  I  T  K  A  S  N  A  R  T
P  A  L  N  K  M  U  J  G  T  E  J  K  T
B  L  C  H  O  O  G  W  N  B  U  Z  C  E
B  U  T  I  K  M  S  O  E  U  F  L  G  R
F  V  A  R  O  R  I  T  P  D  I  I  A  N
A  U  C  A  E  O  W  G  A  G  N  N  T  V
B  W  S  D  R  T  V  D  D  E  A  Y  E  M
R  V  G  O  N  N  M  V  H  T  N  I  R  J
I  E  X  F  S  O  W  R  B  V  S  E  Ö  M
K  J  O  B  B  K  A  R  R  I  Ä  R  F  K
A  R  B  E  T  S  G  I  V  A  R  E  W  R
```

KARRIÄR	SKATTER
KOSTA	INVESTERING
RABATT	VAROR
PENGAR	VALUTA
EKONOMI	KONTOR
ANSTÄLLD	BUDGET
ARBETSGIVARE	BUTIK
FÖRETAG	JOBB
FABRIK	TRANSAKTION
FINANS	

18 - Jardín

```
G I B G C U H D O G X M T F
R T L J O R D N U G E M Z R
Ä R O N Z C T T O R R N A U
S Ä M N S S A R R E T Ä R K
M D M L B K N Ä B P E K S T
A G A N O D W D L L K B S T
T Å J K E G A R A G A J V R
T R O X A U A M F U T W E Ä
A D G N A L S X M F S D R D
X G S R L E F F Y K S R A G
K J O N Ä X Ä N X U T U N Å
B U S K E S R Y P G I D D R
F N L H Ä N G M A T T A A D
X H T R A M P O L I N P Y R
```

BUSKE   TRÄDGÅRD
TRÄD   OGRÄS
BÄNK   SLANG
GRÄSMATTA   SKYFFEL
DAMM   VERANDA
BLOMMA   RÄFSA
GARAGE   JORD
HÄNGMATTA   TERRASS
GRÄS   TRAMPOLIN
FRUKTTRÄDGÅRD   STAKET

19 - Países #2

```
U  K  R  A  I  N  A  J  L  L  A  K  Y  I
N  N  E  K  I  R  K  N  A  R  F  V  O  N
N  E  I  N  A  B  L  A  G  P  A  H  J  D
I  R  L  A  N  D  U  D  U  R  A  B  W  O
M  L  A  A  K  H  G  U  T  Y  C  N  V  N
B  E  A  I  Y  Z  A  S  R  S  I  E  D  E
I  X  X  O  A  T  N  Z  O  S  A  I  A  S
E  S  F  I  S  K  D  L  P  L  M  R  N  I
G  L  L  O  C  X  A  P  Z  A  A  Y  M  E
Y  N  E  I  P  O  I  T  E  N  J  S  A  N
G  R  E  K  L  A  N  D  P  D  R  T  R  D
A  U  S  T  R  A  L  I  E  N  T  C  K  O
P  A  K  I  S  T  A  N  M  G  T  A  Z  E
Ö  S  T  E  R  R  I  K  E  J  P  J  X  V
```

ALBANIEN
AUSTRALIEN
ÖSTERRIKE
DANMARK
ETIOPIEN
FRANKRIKE
GREKLAND
INDONESIEN
IRLAND
JAMAICA

JAPAN
LAOS
MEXICO
PAKISTAN
PORTUGAL
RYSSLAND
SYRIEN
SUDAN
UKRAINA
UGANDA

20 - Números

```
D F B S B L D G H N B C A N
I E U O J Y N S E S I N W O
K M X D C V O I R V L O T L
T W K E O J T A T T Å V T L
R J R C O E M R H T N A C X
E M P I A C E Y B L O N K T
T P O M F U F F S G I N C F
T Z X A P J B G N J T S J L
O S O L C S O H O L R S J R
N E K C C N B R N V Y E I Y
J X W I M E V M T F K X M U
S J U T T O N R S O O T C S
A R T O N T J U G O N O Y G
X C G Y K I N W N D I N Z D
```

FJORTON	TOLV
NOLL	TVÅ
FEM	NIO
FYRA	ÅTTA
DECIMAL	FEMTON
NITTON	SEX
ARTON	SJU
SEXTON	TRETTON
SJUTTON	TRE
TIO	TJUGO

21 - Física

```
Z M R P P K I N A K E M T P
E L E K T R O N N L A A G D
U N I V E R S E L L L O X J
F F R E K V E N S A G V S O
U O S K Ä R N K R A F T A K
B V R O S E F M G S J E P R
L Z G M O T A O K S I T A U
U L T Y E T U T J A E I R M
L M T A E L B O L M L S T O
S C F X Z O H R J J L N I L
A F L I Y M X K S I M E K E
R E L A T I V I T E T D E K
M A G N E T I S M F J V L Y
A C C E L E R A T I O N F L
```

ACCELERATION
ATOM
KAOS
DENSITET
ELEKTRON
FORMEL
FREKVENS
GAS
ALLVAR
MAGNETISM

MASSA
MEKANIK
MOLEKYL
MOTOR
KÄRNKRAFT
PARTIKEL
KEMISK
RELATIVITET
UNIVERSELL

22 - Belleza

```
C  T  L  A  X  Y  K  W  N  W  T  V  R  T
B  Y  X  Z  W  A  O  S  D  U  N  M  T  J
H  J  F  S  H  R  S  P  C  H  A  R  M  Ä
P  P  A  R  C  A  M  E  D  P  G  N  E  N
V  R  D  O  K  C  E  G  D  M  E  Å  L  S
I  H  O  X  A  S  T  E  T  Y  L  D  E  T
H  I  B  D  M  A  I  L  I  G  E  C  G  E
F  Ä  R  G  U  M  K  N  I  M  S  T  A  R
O  L  J  O  R  K  A  L  E  H  U  D  N  X
J  T  S  I  L  Y  T  S  O  G  E  H  S  P
U  M  H  H  T  D  D  E  X  C  O  H  T  G
X  C  I  I  P  L  X  A  R  J  K  T  G  F
P  A  S  C  H  A  M  P  O  M  G  A  O  K
L  Ä  P  P  S  T  I  F  T  F  O  D  R  F
```

OLJOR	DOFT
SCHAMPO	NÅD
FÄRG	SMINK
KOSMETIKA	HUD
ELEGANS	LÄPPSTIFT
ELEGANT	PRODUKTER
CHARM	LOCKAR
SPEGEL	MASCARA
STYLIST	TJÄNSTER
FOTOGENISK	SAX

23 - Países #1

```
I T A L I E N C O B A H Y V
N I C A R A G U A A R O T E
M A R O C K O N N G N Y N
Z D O N Y P G X R J E D S E
X A D E G Y P T E N N U K Z
R N A I G J K V N E T R L U
V A U D A R R S I I I A A E
P K C N W T O C P L N S N L
R O E I W M L N P I A A D A
M H L L M D K E I S Y M Z X
P F U E A F E Y L A L L T O
E X C R N L X B I R B U F F
B E L G I E N I F B D G T M
S P A N I E N L P A N A M A
```

TYSKLAND	INDIEN
ARGENTINA	ITALIEN
BELGIEN	LIBYEN
BRASILIEN	MALI
KANADA	MAROCKO
ECUADOR	NICARAGUA
EGYPTEN	NORGE
SPANIEN	PANAMA
FILIPPINERNA	POLEN
HONDURAS	VENEZUELA

24 - Mitología

```
B  E  T  E  E  N  D  E  F  L  H  G  D  T
H  J  Ä  L  T  E  C  E  H  E  J  M  D  M
N  U  U  E  O  H  A  O  P  G  Å  W  F  P
K  A  T  A  S  T  R  O  F  E  K  S  F  N
F  K  X  I  H  M  E  F  O  N  R  K  K  O
Y  R  A  V  Ä  E  T  W  E  D  I  U  A  A
N  Y  Y  J  M  V  S  T  R  S  G  L  E  L
K  T  D  H  N  H  N  N  A  S  A  T  D  A
T  S  E  I  D  V  O  F  X  T  R  U  N  B
X  R  Z  M  J  F  M  N  P  G  E  R  A  Y
I  L  O  M  J  H  A  R  K  E  T  Y  P  R
L  R  O  E  S  L  E  R  A  V  L  A  A  I
B  G  I  L  D  Ö  D  O  C  W  N  G  K  N
S  V  A  R  T  S  J  U  K  A  E  G  S  T
```

ARKETYP	KRIGARE
SVARTSJUKA	HJÄLTE
HIMMEL	LABYRINT
BETEENDE	LEGEND
SKAPANDE	MONSTER
TRO	DÖDLIG
VARELSE	BLIXT
KULTUR	ÅSKA
KATASTROF	HÄMND
STYRKA	

25 - Ecología

```
R  S  T  R  A  C  T  O  R  K  A  A  H  X
M  D  A  N  V  E  L  R  E  V  Ö  W  Z  S
A  L  M  M  V  E  G  E  T  A  T  I  O  N
R  A  I  J  H  N  H  I  K  V  K  N  S  F
I  F  L  L  J  Ä  P  Å  G  O  X  A  A  J
N  G  K  A  R  O  L  F  L  P  N  T  P  L
K  N  Z  B  R  K  E  L  U  L  G  U  T  I
W  Å  N  O  Ä  L  D  M  E  I  B  R  S  V
M  M  L  L  K  R  E  M  D  N  A  A  X  S
E  R  G  G  I  J  M  L  Ä  K  Y  B  R  M
Z  V  G  H  L  I  H  Z  A  N  D  Z  Z  I
K  N  A  T  U  R  L  I  G  T  G  U  G  L
F  A  U  N  A  M  H  V  A  J  M  D  P  J
V  Ä  X  T  E  R  A  X  I  Y  Z  Z  E  Ö
```

KLIMAT	NATUR
SAMHÄLLEN	KÄRR
MÅNGFALD	VÄXTER
ART	MEDEL
FAUNA	TORKA
FLORA	HÅLLBAR
GLOBAL	ÖVERLEVNAD
LIVSMILJÖ	MÄNGD
MARIN	VEGETATION
NATURLIG	

26 - Casa

```
D  Ö  R  R  C  S  D  F  N  G  O  C  S  V
N  Y  S  H  E  G  K  U  Z  A  E  J  O  T
I  W  T  T  G  G  Ö  O  S  L  A  B  V  R
V  D  B  Z  A  G  K  G  R  C  W  O  R  Ä
O  B  X  G  R  K  A  T  G  S  H  R  U  D
K  H  G  Y  A  A  E  T  O  M  T  F  M  G
Ä  S  N  G  G  Ä  V  T  L  C  S  E  R  Å
L  M  A  T  T  A  N  M  V  E  M  R  N  R
L  K  P  S  P  E  G  E  L  T  C  N  A  D
A  C  M  A  R  S  B  W  W  O  H  G  R  V
R  F  A  V  W  H  H  U  X  Z  A  I  K  K
E  G  L  K  E  T  O  I  L  B  I  B  P  M
I  R  A  I  O  R  M  L  O  V  T  E  W  P
M  T  P  U  T  F  Ö  N  S  T  E  R  W  K
```

MATTA	KRAN
VIND	TRÄDGÅRD
BIBLIOTEK	LAMPA
SKORSTEN	VÄGG
KÖK	GOLV
SOVRUM	DÖRR
DUSCH	KÄLLARE
KVAST	TAK
SPEGEL	STAKET
GARAGE	FÖNSTER

27 - Salud y Bienestar #2

```
K G N I N T L Ä M S T A M N
U J I L V B R C J G F P V Ä
G P Y K H I L R X E R T I R
N E I G Y H K O U N I I T I
I R O L A K J T D E S T A N
N N P L S K R S C T K C M G
T W F W U J H O H I A J I N
S X V E H C K K G K Y V N Z
E C T G K O H R S V R K G N
R J W A U T A N A T O M I L
F S R S J S I G R E L L A M
Å U U S S J M O D K U J S G
P V W A I G R E N E D P H J
U G A M Z L U T D C W U L U
```

ALLERGI
ANATOMI
APTIT
KALORI
KOST
MATSMÄLTNING
ENERGI
SJUKDOM
PÅFRESTNING
GENETIK

HYGIEN
SJUKHUS
INFEKTION
MASSAGE
NÄRING
VIKT
FRISKA
BLOD
VITAMIN

28 - Selva Tropical

```
M G K K G I M Å N G F A L D
H O W S E N Z O O R X H T F
B T L I M S E O T B K R K P
H F N N E E D N A R A V E B
Y H R A N K D M F U S L P M
T R A T S T K J T T S G S A
I I W O K E L V U A O B E M
N U L B A R I T V N M B R F
H E Z L P C M X R F G A P I
E I A H F C A D J Å Y E U B
M E U B F L T R H G H V L I
S U S N V B Y Z H L Z A H E
K P E N C O Z K Y A V M C R
D Ä G G D J U R T R T N O N
```

AMFIBIER
BOTANISK
KLIMAT
GEMENSKAP
MÅNGFALD
ART
INHEMSK
INSEKTER
DÄGGDJUR

MOSSA
NATUR
MOLN
FÅGLAR
BEVARANDE
TILLFLYKT
RESPEKT
DJUNGEL

29 - Adjetivos #1

```
A  I  A  K  S  I  T  A  M  O  R  A  V  W
K  B  N  X  B  E  N  O  R  M  Z  T  Ä  T
T  A  L  L  V  A  R  L  I  G  S  T  R  V
I  L  H  Y  J  O  P  V  Z  L  T  R  D  U
V  Å  C  O  Y  S  S  U  O  J  O  A  E  H
A  N  S  Ö  R  E  N  E  G  U  R  K  F  S
B  G  Ö  S  W  P  Z  Y  I  S  A  T  U  O
S  S  I  K  I  T  V  L  D  L  W  I  L  Y
O  A  T  U  N  G  N  U  L  M  M  V  L  X
L  M  I  V  R  I  X  P  Y  W  S  D  K  Y
U  Z  B  J  E  L  D  T  K  E  F  R  E  P
T  R  M  I  D  R  Y  Y  S  R  M  I  W  J
C  S  A  Y  O  Ä  W  J  O  V  Ö  K  O  V
S  O  A  C  M  V  I  K  T  I  G  M  C  W
```

ABSOLUT	VIKTIG
AKTIV	OSKYLDIG
AMBITIÖS	UNG
AROMATISK	LÅNGSAM
ATTRAKTIV	MODERN
LJUS	MÖRK
ENORM	PERFEKT
GENERÖS	TUNG
STOR	ALLVARLIG
ÄRLIG	VÄRDEFULL

30 - Familia

```
F N R V F Z E P C D Z Y B T
X A V T U Ö K U S I N E B R
D U R F B R R S Y S T E R O
F V B F M D M F L G S V O H
A G V A A D V I A U C R I K
D C R F R R L L P D S J M E
E K A M M N I S N R E D O M
R U F O Z L D B A R N R R D
L W A R E T S O M L B A O O
I F R M I N B Z M S G A R T
G D N O S R O R B L T Y B T
E K D R B A R N B A R N R E
G D S Y S K O N B A R N A R
J L X B R O R F M U U W F R
```

MORMOR	MODERNS
FARFAR	BARNBARN
FÖRFADER	BARN
FRU	FAR
SYSTER	FADERLIG
BROR	KUSIN
DOTTER	SYSKONBARN
BARNDOM	BRORSON
MOR	MOSTER
MAKE	FARBROR

31 - Disciplinas Científicas

```
N  T  J  G  B  U  X  A  E  L  A  I  M  L
S  E  N  I  G  O  L  O  I  B  X  M  I  I
P  R  E  G  Y  P  T  K  B  B  W  M  N  N
E  M  U  O  A  O  O  A  A  L  B  U  E  G
E  O  R  L  X  R  M  F  N  L  G  N  R  V
I  D  O  O  X  S  K  R  I  I  C  O  A  I
M  Y  L  I  M  E  K  E  M  G  K  L  L  S
O  N  O  S  X  W  B  V  O  O  I  O  O  T
N  A  G  Y  B  R  A  D  T  L  G  G  G  I
O  M  I  F  A  N  D  H  A  O  O  I  I  K
R  I  G  O  L  O  E  G  N  K  L  G  M  J
T  K  I  N  A  K  E  M  A  Y  O  C  I  U
S  O  C  I  O  L  O  G  I  S  K  Y  L  C
A  B  I  O  K  E  M  I  S  P  E  L  N  T
```

ANATOMI	IMMUNOLOGI
ARKEOLOGI	LINGVISTIK
ASTRONOMI	MEKANIK
BIOLOGI	MINERALOGI
BIOKEMI	NEUROLOGI
BOTANIK	PSYKOLOGI
EKOLOGI	KEMI
FYSIOLOGI	SOCIOLOGI
GEOLOGI	TERMODYNAMIK

32 - Cocina

```
G K J E F R Y S K S N X K Z
A Y G R U A J K Y I K K X Z
F M P A T P Z N L E R Å X D
F K K K R P W I S E U T L D
L A J O G O K V K B B R D E
A N G K Y K Z A Å U G N S S
R N R N F X T R P A I U L V
R A D E K S G R I L L N E A
O C K T C B T W N Z G H V M
D H J T W E Ä L K R Ö F P
D M N A F Z P G V W J A L H
Y F D V N G R T T E V R E S
R A N N I P T Ä A T I X N C
K T B I G G J K I M C W K H
```

VATTENKOKARE	KANNA
MAT	ÄTPINNAR
FRYS	GRILL
SKEDAR	RECEPT
SLEV	KYLSKÅP
KNIVAR	SERVETT
FÖRKLÄDE	BURK
KRYDDOR	KOPPAR
SVAMP	SKÅL
UGN	GAFFLAR

33 - Moda

```
K U R M G L T Y A T K M M T
Z I W O Ä P F K X E S O Ö Y
Y J R K S T E P S X I D N G
W P L M E N N X T T T E S B
K N A P P A R I M U S R T L
B T N N Y G D Y N R I N E Y
O R I P O E Z G V G L R R G
U E G O S L E K N E A T K S
T N I K P E S F A E M R L A
I D R O C Y F T D H I W Ä M
Q H O E B B D E I N D D O
U B R O D E R I D L I I E N
E D Y R C L W N V X M G R I
V N A L J P R A K T I S K M
```

BRODERI	BLYGSAM
KNAPPAR	ORIGINAL
BOUTIQUE	MÖNSTER
DYR	PRAKTISK
ELEGANT	KLÄDER
SPETS	ENKEL
STIL	TYG
MÄTNINGAR	TREND
MINIMALISTISK	TEXTUR
MODERN	

34 - Electricidad

```
E  L  E  K  T  R  I  K  E  R  L  T  H  V
L  A  M  P  A  Z  N  N  L  B  A  E  M  G
G  E  N  E  R  A  T  O  R  M  G  L  Y  A
A  P  X  N  I  R  P  Z  I  E  R  E  T  P
T  G  H  F  E  T  V  M  R  V  I  F  Z  O
T  N  T  E  N  G  A  M  A  J  N  O  U  S
U  I  R  E  T  T  A  B  I  L  G  N  W  I
V  N  F  W  N  K  Y  T  Z  S  D  T  I  T
J  T  J  U  Ä  U  T  G  I  N  F  Ö  L  I
K  S  I  R  T  K  E  L  E  V  G  H  L  V
U  U  D  H  V  Y  D  Y  T  T  J  Y  V  G
B  R  W  Å  E  K  V  A  N  T  I  T  E  T
R  T  M  P  R  E  S  A  L  E  B  A  K  B
G  U  P  O  K  T  K  E  J  B  O  E  D  N
```

LAGRING	GENERATOR
BATTERI	MAGNET
GLÖDLAMPA	LAMPA
KABEL	LASER
TRÅD	NEGATIV
KVANTITET	OBJEKT
ELEKTRIKER	POSITIV
ELEKTRISK	NÄTVERK
UTTAG	TV
UTRUSTNING	TELEFON

35 - Salud y Bienestar #1

```
V P A X K Y N O A H L B S F
I R D K E Z H B V O Ä E V R
R E S A T C O H K R K H F A
U L J T O I O U O M A A H K
S K W V P O V D P O R N U T
R S L N A U C M P N E D N U
R U D I B E N E L E G L G R
B M X O N N W D I R D I E T
S V A N A I D I N F S N R T
H Ö J D Y P K C G L C G C F
X G O M Z A I I U J Y D N D
S D I W H R G N I N L L Å H
O X G E X E L F E R A B B A
V R V Y M T B A K T E R I E
```

AKTIV	BEN
HÖJD	MEDICIN
BAKTERIE	MUSKLER
KLINIK	HUD
LÄKARE	HÅLLNING
APOTEK	REFLEX
FRAKTUR	AVKOPPLING
HUNGER	TERAPI
VANA	BEHANDLING
HORMONER	VIRUS

36 - Adjetivos #2

```
P K L I G N S K S R Ä F A H
K N N Z I O F T P M K R N X
W W X G L R V T O L W I S D
I C K I R M I N G L K S V C
G A S L U A T A N O T K A I
P Y I T T L A S D G L A R Z
Y U T Ä A K E S G Y D Y I C
N K A O N R R E M Z B G G L
Y R M J E R K R L A E E K T
L Y A S Y O T T K E W S O R
C D R G J T L N V K G T K Ö
F D D N Ä K D I F F N A I T
M A P R O D U K T I V Z N T
E D N A V I R K S E B R M T
```

TRÖTT
ÄTLIG
KREATIV
BESKRIVANDE
DRAMATISK
ELEGANT
KÄND
FÄRSK
STARK
INTRESSANT

NATURLIG
NORMAL
NY
STOLT
KRYDDAD
PRODUKTIV
ANSVARIG
SALT
FRISKA
TORR

37 - Cuerpo Humano

```
A A R Z I G B C L A K A H M
E X J B L O P B L O D N J D
W O E H L H I G F C D S Ä U
M Z S L A G Ö N N K J I R V
R T I L F N U M E F U K T U
Y G A S L Ö D N Ä S A T A H
W F G R K R U B C B U E F A
J W N E M A H E O T I N K L
E G U G U B H N T Y M E N S
H C T N S H Å I J J V X Ä F
J U W I C Z C G H J Ä R N A
B Y S F O P O L E A A M G U
O P U D F O T L E D M R H P
R J S T X S T V N P G W R D
```

HAKA	TUNGA
MUN	HAND
HUVUD	NÄSA
ANSIKTE	ÖGA
HJÄRNA	ÖRA
ARMBÅGE	HUD
HJÄRTA	BEN
HALS	KNÄ
FINGER	BLOD
AXEL	FOTLED

38 - Ciencia

```
O R G A N I S M D M M P E A
R A F S L M O T A E O A X L
S J Z Y I U J M T T L R P L
Z P W W S I W J A O E T E V
E R A K S R O F L D K I R A
A V R W O O W S T K Y K I R
B K S T F T F S W L L L M K
M I N E R A L E R I E A E E
U S A K T R V A F M R R N M
T Y I G P O C M N A N E T I
K F G X P B P F B T A T E S
A K R A W A J Y V D T X V K
F R R G D L X R H T U Ä P Y
E V O L U T I O N J R V E O
```

ATOM	HYPOTES
FORSKARE	LABORATORIUM
KLIMAT	METOD
DATA	MINERALER
EVOLUTION	MOLEKYLER
EXPERIMENT	NATUR
FYSIK	ORGANISM
FOSSIL	PARTIKLAR
ALLVAR	VÄXTER
FAKTUM	KEMISK

39 - Restaurante #2

```
D  L  P  Y  W  I  J  T  K  C  Y  R  D  P
G  D  C  S  N  S  S  I  R  A  L  D  U  N
S  E  R  V  I  T  Ö  R  Y  A  K  D  R  S
Ä  K  E  B  H  K  D  I  D  X  S  A  E  O
G  S  K  U  I  X  J  I  D  G  I  L  K  P
G  W  C  D  A  R  V  E  O  A  F  L  A  P
H  B  Ä  M  R  J  G  H  R  F  L  A  S  A
J  N  L  U  J  N  L  O  M  F  U  S  N  Y
E  G  E  N  P  W  A  M  B  E  H  H  Ö  V
S  A  L  T  X  H  C  N  U  L  J  D  R  M
W  D  O  K  T  K  P  X  Y  U  S  W  G  T
S  D  T  U  X  A  N  K  T  J  V  Z  X  V
F  I  S  R  U  K  V  U  C  H  N  F  Z  C
E  M  L  F  Z  E  D  J  M  M  Y  G  W  P
```

VATTEN
LUNCH
DRYCK
SERVITÖR
MIDDAG
SKED
LÄCKER
SALLAD
KRYDDOR
NUDLAR

FRUKT
IS
ÄGG
KAKA
FISK
SALT
STOL
SOPPA
GAFFEL
GRÖNSAKER

40 - Profesiones #1

```
R K N V R P A H B T D H E E
E A D U Ö I S S B Z S F H R
D R G A R N J Y T N V P M E
A T W S M A X S K R E E M K
K O R B O M S L G O O A K I
T G S U K D U U E F L N S S
Ö R E R A N Ä R T V G O O U
R A G E R A S N A D N P G M
N F E K E R A G Ä J U S O V
R I K N A B L Ä K A R E L U
I D R O T T A R E E B H O L
J U V E L E R A R E Y W E A
A M B A S S A D Ö R E N G R
P I A N I S T A D V O K A T
```

ADVOKAT	REDAKTÖR
ASTRONOM	AMBASSADÖR
IDROTTARE	TRÄNARE
DANSARE	RÖRMOKARE
BANKIR	GEOLOG
BRANDMAN	JUVELERARE
KARTOGRAF	MUSIKER
JÄGARE	PIANIST
LÄKARE	PSYKOLOG

41 - Vehículos

```
T  A  N  F  F  L  Y  G  P  L  A  N  M  N
A  R  G  J  L  E  B  L  E  U  A  A  O  K
M  E  A  O  I  O  B  I  L  U  N  X  T  W
B  T  V  K  B  S  T  E  A  B  A  V  O  W
U  P  S  C  T  G  Å  T  T  Å  B  J  R  T
L  O  U  Ä  S  O  H  P  E  T  L  V  S  E
A  K  H  D  A  C  R  R  A  K  E  T  K  D
N  I  O  M  L  B  C  Y  J  D  N  H  Y  C
S  L  X  B  U  S  S  B  R  F  N  E  T  Y
Z  E  K  A  U  R  M  A  Ä  B  U  E  T  K
R  H  B  B  T  O  N  B  F  S  T  F  E  E
D  S  K  B  V  H  W  I  X  Z  I  J  L  L
V  C  N  C  W  W  K  I  I  C  U  R  L  W
J  D  X  A  Y  A  L  M  A  Z  L  Z  K  R
```

AMBULANS	FÄRJA
BUSS	HELIKOPTER
FLYGPLAN	SKYTTEL
FLOTTE	TUNNELBANA
BÅT	MOTOR
CYKEL	DÄCK
LASTBIL	UBÅT
HUSVAGN	TAXI
BIL	TRAKTOR
RAKET	TÅG

42 - Geometría

```
T H M D I M E N S I O N Y X
E H T T R I A N G E L H U E
O K T S R J R E T E M A I D
R L A N D E L K W U C X F J
I L X S R T U V I G R B S Ö
S E G M E N T A D G X B S H
S T P A C A B T I O O C U K
Y N S K N I B I T J E L Z U
M O N X T D U O J U K K V R
M S T G L E K N I V K N Z V
E I C N P M Y T A S S A M A
T R H C R R M L S I F F R A
R O B E R Ä K N I N G H F U
I H P A R A L L E L L C H T
```

HÖJD

VINKEL

BERÄKNING

KURVA

DIAMETER

DIMENSION

EKVATION

HORISONTELL

LOGIK

MASSA

MEDIAN

SIFFRA

PARALLELL

ANDEL

SEGMENT

SYMMETRI

YTA

TEORI

TRIANGEL

43 - Vacaciones #2

```
R P D N A R T S S A P U T P
L E D E T R A N S P O R T S
K K S W S F L Y G P L A T S
I A H E C T T A X I T G Z U
T R T F R G I I T Å G D D T
L T D O R V T N Y G B L W L
H A R T E A A X A P F G D Ä
R O E O T H V T D T Ö N O N
E O T N A D I L I M I P P N
S T S E F I S Ä T O H O Z I
A R E A L B U T I W N R N N
B C M F C L M O R T Y E N G
A Y E F Y H A N F W B L R N
R E S T A U R A N G D A P E
```

FLYGPLATS	STRAND
TÄLT	RESERVATIONER
DESTINATION	RESTAURANG
UTLÄNNING	TAXI
FOTON	TRANSPORT
HOTELL	TÅG
KARTA	SEMESTER
HAV	RESA
FRITID	VISUM
PASS	

44 - Baile

```
W K S I S S A L K D B T A U
N I O K I P A R T N E R H M
G S N R M T Y R A V M U X M
S U B U E S L E R Ö R M E S
N M Z T D O T M R P D A L G
J Å N L A H G N I N L L Å H
K L D U K O V R Y O Y S X O
W C A K A P S A A T S N O K
U O A A D P U Z T F F Ä M R
M P O Z J A A J P K I K M O
K U L T U R E L L I E J E P
U T T R Y C K S F U L L I P
R E P E T I T I O N N G Z T
M P T R A D I T I O N E L L
```

AKADEMI
GLAD
KONST
KLASSISK
KOREOGRAFI
KROPP
KULTUR
KULTURELL
KÄNSLA
REPETITION

UTTRYCKSFULL
NÅD
RÖRELSE
MUSIK
HÅLLNING
RYTM
HOPPA
PARTNER
TRADITIONELL

45 - Matemáticas

```
F  O  D  I  U  S  F  Ä  R  Z  P  V  T  V
T  R  M  Y  L  E  G  N  A  T  K  E  R  G
O  D  A  K  N  O  G  Y  L  O  P  V  I  E
R  F  X  K  R  N  M  F  K  J  V  L  A  O
G  V  O  C  T  E  G  L  N  L  L  Z  N  M
L  J  N  N  C  I  T  A  I  H  C  G  G  E
D  Y  F  J  O  T  O  S  V  A  T  S  E  T
E  T  A  L  I  S  V  N  K  K  E  Y  L  R
C  D  I  A  M  E  T  E  R  Y  C  M  X  I
I  S  E  E  K  V  A  T  I  O  N  M  V  V
M  A  R  I  T  M  E  T  I  S  K  E  W  O
A  V  I  H  D  I  M  G  H  G  D  T  V  L
L  L  E  L  L  A  R  A  P  Y  F  R  N  Y
I  Y  B  I  T  Ä  R  L  E  K  N  I  V  M
```

ARITMETISK	TAL
VINKLAR	PARALLELL
OMKRETS	VINKELRÄT
TORG	POLYGON
DECIMAL	RADIE
DIAMETER	REKTANGEL
EKVATION	SYMMETRI
SFÄR	TRIANGEL
FRAKTION	VOLYM
GEOMETRI	

46 - Profesiones #2

```
T A N D L Ä K A R E K B L U
R C X R Ö J N E G N I O Ä P
M A S T R O N A U T R N R P
J Å F I L O S O F L U D A F
O L L H X L Z J G U R E R I
U I F A R G O T O F G W E N
R N I H R Z O O L O G G Y N
N G X C T E R A K S R O F A
A V M P N R S U A I I L N R
L I T D R A L W E D L O C E
I S V I T K E T E D U I X G
S T O K H Ä O S Z H P B R I
T O L I P L H W P B A U X G
B I B L I O T E K A R I E X
```

BONDE   UPPFINNARE
ASTRONAUT   FORSKARE
BIBLIOTEKARIE   LINGVIST
BIOLOG   LÄKARE
KIRURG   JOURNALIST
TANDLÄKARE   PILOT
DETEKTIV   MÅLARE
FILOSOF   LÄRARE
FOTOGRAF   ZOOLOG
INGENJÖR

47 - Senderismo

```
S  X  H  M  G  F  E  L  R  A  N  E  T  S
O  P  M  R  N  C  W  L  G  T  A  U  B  X
L  J  D  L  I  V  A  N  L  R  T  M  N  Y
B  E  R  G  R  D  T  M  X  A  U  N  I  P
T  D  W  C  E  S  D  R  P  K  R  U  J  D
O  I  D  S  T  U  N  G  Ö  I  O  I  P  V
P  U  N  N  N  P  A  P  K  T  N  B  A  A
P  G  D  W  E  O  L  B  Y  L  T  G  H  T
M  A  P  P  I  L  K  S  B  L  I  M  M  T
Ö  M  P  F  R  E  K  R  A  P  Y  M  H  E
T  X  L  K  O  M  Y  G  G  J  Y  R  A  N
E  S  L  E  D  E  R  E  B  R  Ö  F  T  T
L  L  N  R  P  A  S  T  Ö  V  L  A  R  F
Z  B  Y  W  X  S  R  L  T  O  A  X  X  C
```

KLIPPA	BERG
VATTEN	MYGG
DJUR	NATUR
STÖVLAR	ORIENTERING
CAMPING	PARKER
TRÖTT	TUNG
KLIMAT	STENAR
TOPPMÖTE	FÖRBEREDELSE
GUIDE	VILD
KARTA	SOL

48 - Naturaleza

```
L  L  T  G  J  E  Y  U  M  D  K  X  F  A
L  Ö  A  M  I  P  O  R  C  N  A  C  R  V
B  U  V  P  H  J  D  Ä  Y  L  H  F  E  G
P  C  S  V  C  N  O  I  S  O  R  E  D  Ö
E  F  C  R  E  R  L  C  B  M  U  X  L  R
D  A  T  S  I  R  F  A  H  A  J  Z  I  A
L  D  D  Y  K  S  K  L  K  T  D  X  G  N
I  Z  U  R  N  Ö  C  G  W  U  R  D  B  D
V  V  G  X  O  Y  N  I  B  W  L  I  P  E
T  R  O  P  I  S  K  H  N  V  U  M  Z  C
R  S  K  Ö  K  E  N  G  E  G  G  M  A  B
X  K  S  I  T  K  R  A  T  T  N  A  N  H
C  O  J  E  D  Y  N  A  M  I  S  K  F  U
K  K  C  T  M  J  U  D  G  G  B  S  B  D
```

BIN	DIMMA
DJUR	MOLN
ARKTISK	FREDLIG
SKÖNHET	SKYDD
SKOG	FLOD
ÖKEN	VILD
DYNAMISK	FRISTAD
EROSION	LUGN
LÖVVERK	TROPISK
GLACIÄR	AVGÖRANDE

49 - Conduciendo

```
O Y B G P G T B O L Y C K A
S F K A O J U I I E C A K H
L H I R L L N L V L H I K B
I G A A I J N L A S T B I L
C B E G S Z E K A R T A F C
E H R E N H L L L R G R A Y
N A A O E S V P S D U A R N
S S G V M R U C A N A F T M
H T N A V S G A T A Ä P M O
X I Ä R S N A O D T R R L T
L G G F P B C R H O U T B O
U H T R O P S N A R T Y M R
O E O M O T O R C Y K E L T
P T F S Ä K E R H E T C M L
```

OLYCKA
GATA
LASTBIL
BIL
BRÄNSLE
BROMSAR
GARAGE
GAS
LICENS
KARTA

MOTORCYKEL
MOTOR
FOTGÄNGARE
FARA
POLIS
SÄKERHET
TRANSPORT
TRAFIK
TUNNEL
HASTIGHET

50 - Ballet

```
P  W  X  K  R  R  W  T  C  O  D  N  F  R
O  U  F  A  N  I  R  E  L  L  A  B  Ä  E
Y  P  B  S  T  I  L  T  O  T  N  I  R  P
K  B  P  L  K  R  P  I  H  E  S  J  D  E
C  S  Z  F  I  O  A  S  L  K  A  V  I  T
M  U  S  I  K  K  R  N  O  N  R  R  G  I
R  E  N  O  I  T  K  E  L  I  E  G  H  T
M  U  S  K  L  E  R  T  O  K  L  E  E  I
U  I  G  L  M  T  D  N  T  G  U  S  T  O
X  I  O  M  X  H  A  I  Y  H  R  T  V  N
K  O  N  S  T  N  Ä  R  L  I  G  A  N  F
Z  L  I  C  S  Y  H  D  X  W  F  V  F  F
R  E  T  S  E  K  R  O  S  M  Z  Ö  K  I
K  O  M  P  O  S  I  T  Ö  R  E  N  R  J
```

KONSTNÄRLIG
PUBLIK
BALLERINA
DANSARE
KOMPOSITÖR
KOREOGRAFI
REPETITION
STIL
GEST

FÄRDIGHET
INTENSITET
LEKTIONER
MUSKLER
MUSIK
ORKESTER
ÖVA
RYTM
TEKNIK

51 - Fuerza y Gravedad

```
P A D K E W O N K C Y R T E
Y L V M B F K D I I N B N G
J E A S E L F E N M O N I E
S X Z N T Y O E A S I V G N
V A S R E Å B I K I S Y F S
Y J I O K T N P E T N K L K
Z R V T Y R E D M E A I C A
A S X J O P C R E N P B L P
U P P T Ä C K T C G X U N E
V P U A Y L T G D A E F L R
Y F D G L G K S I M A N Y D
U W M K F R I K T I O N V I
T I D W S Z V C E N T R U M
O M L O P P S B A N A N S R
```

CENTRUM	MAGNETISM
UPPTÄCKT	MEKANIK
DYNAMISK	OMLOPPSBANA
AVSTÅND	VIKT
AXEL	PLANETER
EXPANSION	TRYCK
FYSIK	EGENSKAPER
FRIKTION	TID
EFFEKT	

52 - Aventura

```
E  N  T  U  S  I  A  S  M  O  R  S  Ö  R
V  D  U  S  T  T  S  G  F  V  B  Ä  V  E
Ä  O  E  I  E  I  R  U  T  A  N  K  E  S
N  M  S  S  F  G  R  Y  K  N  R  E  R  V
N  T  L  U  T  N  F  H  F  L  E  R  R  Ä
E  T  E  T  E  I  G  A  A  I  S  H  A  G
R  P  D  F  H  R  N  L  R  G  O  E  S  L
K  W  E  L  G  E  R  A  Ä  L  R  T  K  S
N  Y  R  Y  I  G  J  J  T  D  I  Z  A  K
U  M  E  K  R  I  X  S  W  I  J  G  N  Ö
Z  Z  B  T  Å  V  N  O  C  S  O  E  D  N
V  I  R  F  V  A  G  C  R  V  A  N  E  H
V  O  Ö  S  S  N  A  H  C  W  O  O  E  E
T  V  F  A  K  T  I  V  I  T  E  T  H  T
```

AKTIVITET	NATUR
GLÄDJE	NAVIGERING
VÄNNER	NY
SKÖNHET	CHANS
DESTINATION	FARLIG
SVÅRIGHET	FÖRBEREDELSE
ENTUSIASM	SÄKERHET
UTFLYKT	ÖVERRASKANDE
OVANLIG	MOD
RESVÄG	RESOR

53 - Pájaros

```
R  Z  M  X  J  D  K  Y  K  F  O  G  O  H
L  O  Å  U  P  L  R  X  Y  L  T  K  L  H
S  T  S  Å  G  O  Å  A  C  A  V  U  D  P
S  T  U  R  T  S  K  J  K  M  D  T  T  I
V  T  T  T  O  P  A  O  L  I  D  N  O  M
M  J  O  R  Z  T  C  G  I  N  R  Ö  T  H
P  U  A  R  L  O  S  E  N  G  E  G  N  K
G  E  R  G  K  Ö  G  P  G  O  G  N  I  Ä
D  E  L  R  Ö  U  F  A  A  E  Ä  B  G  G
Y  R  C  I  H  Z  Y  P  D  R  H  O  M  G
V  D  R  X  K  B  X  B  K  R  V  N  O  B
A  P  Y  I  A  A  A  N  K  A  F  O  T  M
L  M  Y  D  L  S  N  A  V  S  N  O  J  Y
P  I  N  G  V  I  N  A  C  U  O  T  X  F
```

STRUTS	SPARV
ÖRN	HÖK
STORK	ÄGG
SVAN	PAPEGOJA
GÖK	DUVA
KRÅKA	ANKA
FLAMINGO	PELIKAN
GÅS	PINGVIN
HÄGER	KYCKLING
MÅS	TOUCAN

54 - Geografía

```
T  K  V  O  K  N  Y  X  A  K  R  X  P  M
W  F  Ä  H  B  O  J  N  G  T  H  O  E  E
W  Z  R  I  R  V  N  T  Y  D  R  E  E  R
E  D  L  F  E  V  N  T  Ö  E  D  Z  D  I
N  U  D  W  D  Ä  S  O  I  Z  E  I  Å  D
S  T  A  D  D  S  D  W  R  N  F  A  R  I
K  I  P  J  G  T  H  A  V  R  E  L  M  A
A  G  F  K  R  E  D  Ö  S  U  O  N  O  N
R  N  R  S  A  L  T  A  U  V  U  U  T  D
T  O  I  T  D  H  A  L  V  K  L  O  T  J
A  L  L  E  N  U  W  H  S  E  L  B  O  Ö
K  S  N  N  A  X  V  C  L  B  A  Z  O  H
G  H  X  B  L  B  J  N  R  B  E  R  G  N
T  E  R  R  I  T  O  R  I  U  M  J  U  M
```

HÖJD	BERG
ATLAS	VÄRLD
STAD	NORR
KONTINENT	VÄST
HALVKLOT	LAND
BREDDGRAD	OMRÅDE
LONGITUD	FLOD
KARTA	SÖDER
HAV	TERRITORIUM
MERIDIAN	

55 - Música

```
I  N  S  P  E  L  N  I  N  G  N  Å  S  S
S  A  R  S  T  T  Y  D  Y  X  K  A  B  P
P  Å  S  L  B  I  Z  O  K  F  S  D  E  H
L  Y  N  Z  W  V  L  L  Ö  O  I  U  K  K
B  Z  A  G  O  T  Z  E  R  J  T  S  Y  S
U  A  B  G  A  A  Z  M  S  F  E  D  Y  I
Z  G  L  C  R  R  M  I  K  R  O  F  O  N
L  N  K  L  S  E  E  K  P  D  P  L  T  O
M  U  B  L  A  K  L  A  S  S  I  S  K  M
Z  J  C  I  R  D  H  A  R  M  O  N  I  R
R  S  K  Z  E  M  U  S  I  K  E  R  J  A
P  Y  S  R  P  B  W  D  K  O  X  O  R  H
J  M  T  P  O  G  C  B  H  N  G  Y  R  D
A  O  P  M  E  T  F  V  Z  O  Y  R  M  W
```

HARMONI	MELODI
HARMONISK	MIKROFON
ALBUM	MUSIKER
BALLAD	OPERA
SÅNGARE	POETISK
SJUNGA	RYTM
KLASSISK	TEMPO
KÖR	SÅNG
INSPELNING	

56 - Actividades

```
I  N  T  R  E  S  S  E  N  V  V  H  M  F
G  H  M  F  O  T  O  G  R  A  F  I  R  I
M  S  Å  A  V  K  O  P  P  L  I  N  G  S
R  Z  L  E  P  S  K  E  R  A  M  I  K  K
D  A  N  M  Ö  S  M  V  Z  Z  X  C  W  E
L  P  I  J  W  Z  A  A  S  D  K  Z  B  B
Ä  U  N  J  B  K  G  N  C  O  V  V  Z  T
S  S  G  C  A  X  I  D  S  K  O  N  S  T
N  S  T  P  J  K  K  R  E  V  T  N  A  H
I  E  G  W  D  I  T  I  R  F  S  P  J  K
N  L  N  C  A  M  N  N  F  T  E  B  C  O
G  T  C  U  S  B  Ö  G  R  V  D  N  M  A
U  B  A  L  X  G  J  C  D  F  Z  J  E  L
P  R  A  W  I  T  E  H  G  I  D  R  Ä  F
```

KONST	LÄSNING
HANTVERK	MAGI
JAKT	FRITID
KERAMIK	FISKE
SÖMNAD	MÅLNING
FOTOGRAFI	NÖJE
FÄRDIGHET	AVKOPPLING
INTRESSEN	PUSSEL
SPEL	VANDRING

57 - Verduras

```
K  R  O  N  Ä  R  T  S  K  O  C  K  A  O
Ö  R  O  V  A  A  P  H  L  B  I  S  S  O
L  Z  M  U  G  M  X  O  W  Y  D  V  I  M
G  L  H  A  Y  X  X  E  T  P  S  A  D  F
S  P  E  N  A  T  Y  T  Ä  A  Y  M  Ä  I
K  B  K  Z  V  A  A  V  R  K  T  P  R  N
R  N  W  Z  A  M  J  S  T  R  M  I  F  G
B  R  O  C  C  O  L  I  A  U  O  L  S  E
W  P  K  Ö  L  T  I  V  V  G  R  E  I  F
L  Z  U  L  X  G  S  E  X  V  O  F  G  Ä
O  P  D  M  V  K  R  E  Y  N  T  S  U  R
K  L  B  P  P  U  E  S  A  L  L  A  D  A
K  L  I  S  W  A  P  S  E  L  L  E  R  I
M  E  E  V  Ä  G  G  P  L  A  N  T  A  E
```

VITLÖK	INGEFÄRA
KRONÄRTSKOCKA	ROVA
SELLERI	OLIV
ÄGGPLANTA	POTATIS
BROCCOLI	GURKA
PUMPA	PERSILJA
LÖK	RÄDISA
SALLAD	SVAMP
SPENAT	TOMAT
ÄRTA	MOROT

58 - Instrumentos Musicales

```
G  Z  O  I  D  P  I  A  N  O  T  J  E  S
O  O  C  E  L  L  O  O  J  N  A  B  J  Y
B  N  N  H  P  I  G  T  E  P  M  U  R  T
K  V  U  G  Z  Z  C  A  Y  F  B  M  I  M
M  A  N  D  O  L  I  N  A  M  U  U  S  A
T  F  S  L  A  G  V  E  R  K  R  N  A  R
Y  A  H  A  R  P  A  T  K  I  I  S  X  I
O  E  T  F  I  O  L  T  R  C  N  P  O  M
X  M  R  J  T  F  C  O  X  U  U  E  F  B
X  H  O  J  U  L  L  G  C  U  M  L  O  A
T  N  M  F  B  Ö  L  A  J  E  Z  M  N  S
V  C  B  B  T  J  A  F  B  M  P  S  A  Z
V  E  O  X  T  T  T  E  N  I  R  A  L  K
X  L  N  O  B  O  E  G  I  T  A  R  R  G
```

MUNSPEL	OBOE
HARPA	TAMBURIN
BANJO	SLAGVERK
KLARINETT	PIANO
FAGOTT	SAXOFON
FLÖJT	TRUMMA
GONG	TROMBON
GITARR	TRUMPET
MANDOLIN	FIOL
MARIMBA	CELLO

59 - Mascotas

```
K  K  H  W  F  V  E  C  M  F  C  P  S  L
S  L  O  A  L  Y  R  H  U  N  D  A  K  W
I  A  O  P  M  S  V  A  N  S  U  P  Ö  O
F  I  W  R  P  S  Y  H  V  U  W  E  L  V
U  O  F  A  L  E  T  E  G  M  U  G  D  Z
R  A  B  S  A  G  L  E  I  M  J  O  P  P
Ä  M  G  S  V  A  J  S  R  A  M  J  A  N
N  I  N  A  K  R  C  V  T  T  S  A  D  H
I  D  T  T  A  K  V  A  T  T  E  N  D  U
R  V  Y  U  N  H  T  L  U  K  O  A  A  A
E  G  P  R  F  Ö  H  L  C  Z  D  V  I  B
T  F  K  E  X  D  F  L  P  K  G  L  M  W
E  R  Y  T  F  L  E  A  K  D  C  G  M  E
V  U  J  O  H  A  U  L  W  N  L  R  M  J
```

VATTEN	HAMSTER
GET	ÖDLA
VALP	PAPEGOJA
SVANS	TASSAR
KRAGE	HUND
MAT	FISK
KANIN	MUS
KOPPEL	SKÖLDPADDA
KLOR	KO
KATT	VETERINÄR

60 - Formas

```
C B W C H L T F S P H L T V
E J N J W K E L L I P S O V
Y H S Y A O N S H S T G R H
S I D A M S I R P Ö G E G N
A V L E G N A T K E R Ä F S
C Y L I N D E R H B O N Z V
A E E K I W A T Z L Å V N M
B A B O N D K J T T L G A C
K J R N O G Y L O P I C E L
U L E G N A I R T K N H K E
B H P K A N T E R U J Y W K
C Z Y X B E C A Y R E I L R
N F H Y Y U J E M V N N T I
P Y R A M I D X I A F Y T C
```

BÅGE	HÖRN
KANTER	HYPERBEL
CYLINDER	SIDA
CIRKEL	LINJE
KON	OVAL
TORG	PYRAMID
KUB	POLYGON
KURVA	PRISMA
ELLIPS	REKTANGEL
SFÄR	TRIANGEL

61 - Flores

```
F O M A G N O L I A L M P P
K R O N B L A D Y Y A A Å A
T U S E N S K Ö N A V S S S
V A L L M O H R L T E K K S
R I N G B L O M M A N R L I
Z S H B H K S M H P D O I O
T D V I U G B O P J E S L N
I K H G B K A A L I L X J F
L J E T P I E Y N R Y X A L
I P Y K A N S T I Y O X I O
L K L Ö V E R K T R G S E W
J A O R K I D É U J A J E E
A I N E D R A G J S B X L R
X G K P I O N I M S A J G U
```

VALLMO
RINGBLOMMA
MASKROS
GARDENIA
SOLROS
HIBISKUS
JASMIN
LAVENDEL
LILA
LILJA

MAGNOLIA
TUSENSKÖNA
PÅSKLILJA
ORKIDÉ
PASSIONFLOWER
PION
KRONBLAD
BUKETT
KLÖVER

62 - Astronomía

```
O S H I M M E L R A X U F N
A B A I S X O N F S Y M Ö K
V S S T U A N O R T S A R O
O G T E E S S W J E N Å M N
N A Z R R L T G O R W A Ö S
R L X S O V L A R O F B R T
E A O U P N A I D I Y N K E
P X X V S U O T T D L L E L
U H R O E T E M O S B N L L
S T R Å L N I N G R M S S A
P L A N E T R B V C I X E T
T E L E S K O P L D Y U W I
R A K E T K O S M O S C M O
D A G J Ä M N I N G S G I N
```

ASTEROID
ASTRONAUT
ASTRONOM
HIMMEL
RAKET
KONSTELLATION
KOSMOS
FÖRMÖRKELSE
DAGJÄMNING
GALAX

MÅNE
METEOR
OBSERVATORIUM
PLANET
STRÅLNING
SATELLIT
SUPERNOVA
TELESKOP
JORD

63 - Tiempo

```
F  F  M  Z  B  P  T  A  M  A  K  C  E  V
I  Ö  R  Å  G  I  I  W  Å  E  A  D  E  G
O  N  R  A  P  Y  M  G  N  A  L  R  F  M
C  F  Å  E  M  C  M  A  A  D  E  N  R  O
E  T  G  D  O  T  E  D  D  D  N  U  D  R
D  D  Y  N  H  F  I  I  K  N  D  M  A  G
A  K  C  O  L  K  W  D  C  B  E  I  G  O
R  S  L  I  H  L  E  G  I  L  R  Å  M  N
D  U  C  T  T  O  M  J  L  M  I  N  U  T
N  C  D  R  D  A  O  L  B  L  V  H  N  S
U  J  H  Å  F  Y  C  F  N  K  B  Y  A  U
H  T  O  L  J  E  D  O  O  G  G  N  T  I
R  O  I  P  I  E  A  X  G  J  W  B  T  T
Å  R  I  U  V  Y  O  W  Ö  E  V  G  X  R
```

NU	IDAG
FÖRE	MORGON
ÅRLIG	MIDDAG
ÅR	MÅNAD
IGÅR	MINUT
KALENDER	ÖGONBLICK
ÅRTIONDE	NATT
DAG	KLOCKA
FRAMTID	VECKA
TIMME	ÅRHUNDRADE

64 - Paisajes

```
S  T  R  Ä  S  K  S  M  H  C  X  R  U  T
T  U  O  B  H  B  L  Ö  V  L  A  H  P  U
R  W  L  G  R  O  T  T  A  H  R  I  L  S
S  T  R  A  N  D  K  Y  H  X  D  A  N  Y
A  R  U  V  E  E  O  U  D  S  N  A  T  H
O  S  C  A  K  A  S  L  F  N  U  G  A  L
G  J  N  T  Ö  Y  C  U  F  W  T  M  S  Z
T  G  L  T  R  G  E  J  S  E  R  Y  E  W
F  O  B  E  Ä  V  N  Z  H  L  I  K  M  V
J  W  N  N  I  S  B  E  R  G  G  R  S  U
S  A  I  F  C  M  H  Z  J  D  Z  I  E  L
C  J  J  A  A  I  Z  I  X  D  Z  R  M  K
N  C  Ö  L  L  Ö  B  E  R  G  D  A  L  A
H  C  J  L  G  O  E  D  E  P  V  H  F  N
```

VATTENFALL	BERG
GROTTA	OAS
ÖKEN	TRÄSK
GEJSER	HALVÖ
GLACIÄR	STRAND
ISBERG	FLOD
SJÖ	TUNDRA
LAGUN	DAL
HAV	VULKAN

65 - Días y Meses

```
G  A  D  S  N  O  M  Z  W  L  J  T  H  O
J  K  A  G  Y  U  K  O  D  Ö  Z  I  P  K
T  C  C  I  I  S  P  R  P  R  Å  S  T  T
S  E  P  T  E  M  B  E  R  D  C  D  L  O
T  V  V  S  P  S  V  B  E  A  G  A  L  B
I  R  A  U  N  A  J  M  D  G  A  G  O  E
S  N  G  G  X  B  S  E  N  Y  D  R  I  R
G  Ö  G  U  J  N  Y  V  E  A  S  I  R  W
S  H  N  A  C  U  S  O  L  I  R  P  A  S
N  U  J  D  D  I  L  N  A  T  O  F  U  V
B  P  F  M  A  N  N  I  K  R  T  E  R  E
M  Å  N  A  D  G  Å  K  J  U  N  I  B  L
P  B  C  O  V  O  J  M  E  G  P  W  E  C
K  F  Z  J  W  U  X  G  A  D  E  R  F  A
```

APRIL	MÅNDAG
AUGUSTI	TISDAG
ÅR	MÅNAD
KALENDER	ONSDAG
SÖNDAG	NOVEMBER
JANUARI	OKTOBER
FEBRUARI	LÖRDAG
TORSDAG	VECKA
JULI	SEPTEMBER
JUNI	FREDAG

66 - Barbacoas

```
O A F D U B P F G K C P R C
O S C W F O D L R E G N U H
J A R W A P A G A U A E M K
K N I V A R S F P P K O I Y
T X B X J P X P P L I T D C
S A L L A D E R E J S H D K
T O M A T E R A P L U L A L
L B B Z S Å S M L I M Ö G I
L U V O A D R M C M R K H N
I Y N J L A W O V A A D U G
R N M C T W A S K F V B T R
G B B D H B A R N I Y G B A
C P J G R Ö N S A K E R K P
I E Y S Z I G K T Y D M Y W
```

LUNCH   MUSIK

VARM   BARN

LÖK   GRILL

MIDDAG   PEPPAR

KNIVAR   KYCKLING

SALLADER   SALT

FAMILJ   SÅS

FRUKT   TOMATER

HUNGER   SOMMAR

SPEL   GRÖNSAKER

67 - Ropa

```
C P B S H W H O J D J W K S
K P Y P H V A T R O J K S T
U U D S A M A J Y P K V A J
D R T K R O S H E O J R N M
S B P Y O D H M V H O P D T
L T E Y X E O A Y L L Ä A M
A T T X Y G F S N C G L L A
H A L S B A N D I D K S E S
C H Ä U H J C I L G S E R S
J V B L Z Ö T N N Z W K N D
S K O B W R T R M N B B A V
J A C K A T N E S N Ä G D R
L F Ö R K L Ä D E S I L K T
Z Y W C A R M B A N D E K F
```

PÄLS	SMYCKEN
BLUS	MODE
HALSDUK	BYXOR
SKJORTA	PYJAMAS
JACKA	ARMBAND
BÄLTE	SANDALER
HALSBAND	HATT
FÖRKLÄDE	TRÖJA
KJOL	KLÄNNING
HANDSKAR	SKO

68 - Meditación

```
P V Ä N L I G H E T T F P M
Y E D N A N N Ä K D O G S E
N N R O L S N Ä K X E P Y D
O N F S A D N A J P T V K K
B I L R P L B K M M E L I Ä
S S V A E E J R I U H H S N
E X G K U D K R N S R B K S
R D A N T S Y T V I A K W L
V M N A J O C Y I K L F E A
A I A T B F V T C V K U E V
T U T E H M A S K C A T G M
I J U H Å L L N I N G F P N
O B R T G Z G R Ö R E L S E
N U P P M Ä R K S A M H E T
```

GODKÄNNANDE	RÖRELSE
UPPMÄRKSAMHET	MUSIK
VÄNLIGHET	NATUR
LUGN	OBSERVATION
KLARHET	FRED
MEDKÄNSLA	TANKAR
KÄNSLOR	PERSPEKTIV
TACKSAMHET	HÅLLNING
PSYKISK	ANDAS
SINNE	TYSTNAD

69 - Café

```
B  R  O  S  T  A  D  A  R  R  R  I  N  V
K  I  E  I  Z  G  N  U  R  P  S  R  U  Ä
O  R  T  S  Z  D  M  E  U  O  C  F  F  T
F  U  R  T  B  L  J  Y  S  U  M  I  D  S
F  B  A  Y  E  V  Ö  T  G  E  N  L  R  K
E  D  V  M  J  R  L  T  P  Y  Y  T  Y  A
I  U  S  X  L  S  K  A  M  S  P  E  C  Z
N  E  T  T  A  V  Z  T  Z  E  Y  R  K  V
O  I  L  T  H  I  E  L  V  D  G  N  Ä  M
G  S  H  D  M  P  B  I  U  D  S  L  B  R
R  S  S  L  I  P  A  F  P  Ä  K  O  P  P
O  R  J  I  S  O  C  K  E  R  I  T  P  W
M  X  F  W  R  C  Z  M  D  G  M  A  I  D
G  I  M  G  C  P  S  P  Y  V  T  P  R  E
```

VATTEN	MJÖLK
BITTER	VÄTSKA
AROM	MORGON
ROSTAD	SLIPA
SOCKER	SVART
SUR	URSPRUNG
DRYCK	PRIS
KOFFEIN	SMAK
GRÄDDE	KOPP
FILTER	MÄNGD

70 - Libros

```
S A K S I R O T S I H L A R
V A T R A G I S K I U I L E
I E M A E N F G E L M T N L
R S Y M N G P N R B O T F E
K L D D A R U I V A R E Ö V
S E U R S N L L D M I R R A
C T K I D R H M R H S Ä F N
L T T E T I L A U D T R A T
H Ä K K V S E S N D I Y T G
G R S T M E R I Y G S T T W
V E R A Y O I O X B K N A B
E B D K R P P V M D D E R A
S I D A H E Z T V A J V E I
B E R Ä T T A R E Y N Ä U M
```

FÖRFATTARE
ÄVENTYR
SAMLING
SAMMANHANG
DUALITET
SKRIVS
BERÄTTELSE
HISTORISK
HUMORISTISK
LÄSARE

LITTERÄR
BERÄTTARE
ROMAN
SIDA
RELEVANT
DIKT
POESI
RAD
TRAGISK

71 - Los Medios de Comunicación

```
O  K  A  T  K  A  F  F  N  V  Å  D  W  X
I  R  T  S  U  D  N  I  Ä  J  S  X  T  M
D  T  T  U  A  N  V  N  T  B  I  O  Z  I
A  I  I  P  L  J  N  A  V  H  K  Y  W  R
R  D  T  P  P  A  O  N  E  N  T  A  D  F
H  N  Y  K  E  I  T  S  R  L  O  K  A  L
U  I  D  O  N  I  O  I  K  U  G  Z  C  W
T  N  E  P  E  Y  F  E  G  P  R  W  G  K
G  G  R  P  V  H  T  R  S  I  Y  G  C  S
Å  A  H  L  N  U  X  I  J  U  D  H  G  C
V  R  C  A  G  N  I  N  D  L  I  B  T  U
A  L  W  D  Z  X  S  G  N  I  N  D  I  T
K  O  M  M  E  R  S  I  E  L  L  J  T  O
K  O  M  M  U  N  I  K  A  T  I  O  N  V
```

ATTITYDER	FAKTA
KOMMERSIELL	INDUSTRI
KOMMUNIKATION	LOKAL
DIGITAL	ÅSIKT
UTGÅVA	TIDNINGAR
UTBILDNING	RADIO
UPPKOPPLAD	NÄTVERK
FINANSIERING	TIDNING
FOTON	TV

72 - Nutrición

```
U  A  N  M  G  P  F  V  V  T  D  S  B  M
O  P  F  Z  F  R  U  R  J  X  F  N  A  A
U  T  S  O  K  O  D  T  I  I  P  G  L  T
K  I  I  T  A  T  Y  H  X  S  C  S  A  S
O  T  V  U  J  E  X  P  J  Z  K  Z  N  M
L  Ä  L  G  N  I  N  S  Ä  J  A  A  S  Ä
H  T  L  Å  M  N  N  A  P  S  M  S  E  L
Y  L  N  X  C  E  X  V  J  H  S  L  R  T
D  I  R  L  J  R  T  O  X  I  N  Ä  A  N
R  G  K  V  A  L  I  T  E  T  D  H  D  I
A  I  D  K  A  L  O  R  I  E  R  P  B  N
T  N  Ä  R  I  N  G  S  Ä  M  N  E  K  G
E  S  Å  S  Y  B  I  T  T  E  R  M  T  I
R  V  A  B  N  I  M  A  T  I  V  I  K  T
```

BITTER	JÄSNING
APTIT	NÄRINGSÄMNE
KVALITET	VIKT
KALORIER	PROTEINER
KOLHYDRATER	SMAK
SPANNMÅL	SÅS
ÄTLIG	HÄLSA
KOST	FRISKA
MATSMÄLTNING	TOXIN
BALANSERAD	VITAMIN

73 - Edificios

```
A  D  O  S  G  Å  R  D  K  K  H  S  J  V
X  M  I  V  J  S  V  X  B  A  X  T  U  A
M  U  B  Z  P  U  C  Y  W  K  S  A  T  N
R  E  T  A  E  T  K  U  S  U  K  D  I  D
W  S  H  S  S  W  W  H  E  H  O  I  T  R
H  U  V  R  D  S  O  X  U  M  L  O  F  A
N  M  S  L  S  P  A  I  N  S  A  N  A  R
M  P  S  L  N  Z  H  D  S  L  O  T  T  H
O  B  S  E  R  V  A  T  O  R  I  U  M  E
T  R  C  T  E  H  N  E  G  Ä  L  R  L  M
S  O  Y  O  G  A  R  A  G  E  L  A  D  A
B  W  R  H  M  A  T  A  F  F  Ä  R  E  X
H  H  J  N  P  T  R  O  H  A  L  R  B  E
F  A  B  R  I  K  A  H  W  F  H  C  L  G
```

VANDRARHEM	LADA
LÄGENHET	GÅRD
SLOTT	SJUKHUS
BIO	HOTELL
AMBASSAD	MUSEUM
SKOLA	OBSERVATORIUM
STADION	MATAFFÄR
FABRIK	TEATER
GARAGE	TORN

74 - Océano

```
A V S V E R N R O E R Y K M
G L L A R O K Ä L S U W N J
D B G L Å Z S K E B T Å B R
W L J E F G I A Y N L R K J
I Ä I K R P F U M S A S O P
K C S T O R M S M S S K D N
R K I N E T T A V D I T E M
A F H Y L H S W V X F I L A
B I A Z F Z J C J S S D F N
B S J V H X G V Y V P U I E
A K S K Ö L D P A D D A N T
H N U G Z F F T O N F I S K
L M K T I U Y D G F V D I T
K X W U G U J F Z W R I J R
```

ALGER	SVAMP
ÅL	TIDVATTEN
REV	MANET
TONFISK	OSTRON
VAL	FISK
BÅT	BLÄCKFISK
RÄKA	SALT
KRABBA	HAJ
KORALL	STORM
DELFIN	SKÖLDPADDA

75 - Ciudad

```
U  H  J  K  G  X  E  F  K  A  X  X  U  H
A  N  O  M  W  G  W  Z  J  J  M  T  R  O
P  O  I  Z  N  A  A  R  T  K  U  S  K  T
O  I  B  V  A  D  L  B  A  G  E  R  I  E
T  D  T  O  E  S  O  D  T  V  S  Z  N  L
E  A  E  O  K  R  K  B  F  R  U  B  I  L
K  T  A  Z  N  H  S  X  I  C  M  I  L  G
D  S  T  R  A  D  A  I  M  O  A  B  K  A
A  J  E  J  B  T  Y  N  T  H  G  L  M  L
N  J  R  A  O  C  K  O  D  E  L  I  G  L
K  M  A  T  A  F  F  Ä  R  E  T  O  G  E
R  E  S  T  A  U  R  A  N  G  L  T  I  R
A  R  G  A  L  D  H  A  M  M  M  E  B  I
M  F  L  Y  G  P  L  A  T  S  I  K  K  U
```

FLYGPLATS	BOKHANDEL
BANK	MARKNAD
BIBLIOTEK	MUSEUM
BIO	BAGERI
KLINIK	RESTAURANG
SKOLA	MATAFFÄR
STADION	TEATER
APOTEK	LAGRA
GALLERI	UNIVERSITET
HOTELL	ZOO

76 - Actividades y Ocio

```
M  P  B  V  O  L  L  E  Y  B  O  L  L  T
Å  C  A  H  B  O  W  J  B  D  O  Z  P  Ä
L  P  S  O  A  S  V  D  H  E  U  G  V  V
N  Z  E  G  S  N  B  O  X  N  I  N  G  L
I  K  B  O  E  S  D  A  Z  J  P  I  N  I
N  O  O  J  R  L  V  L  M  U  W  F  I  N
G  P  L  J  T  E  K  S  A  B  U  R  N  G
S  R  L  C  A  M  P  I  N  G  O  U  K  S
F  I  S  K  E  K  W  R  E  M  N  S  Y  Y
C  L  N  C  H  O  I  O  O  E  Z  V  D  G
Y  V  Z  N  G  N  I  R  D  N  A  V  O  O
W  E  A  V  E  S  S  I  M  N  I  N  G  L
L  I  R  O  E  T  F  O  T  B  O  L  L  F
A  V  K  O  P  P  L  A  N  D  E  E  O  N
```

KONST	SIMNING
BASKET	FISKE
BASEBOLL	MÅLNING
BOXNING	AVKOPPLANDE
DYKNING	VANDRING
CAMPING	SURFING
TÄVLINGS	TENNIS
HANDLA	RESA
FOTBOLL	VOLLEYBOLL
GOLF	

77 - Ingeniería

```
K  R  W  S  N  M  M  Z  N  G  S  F  D  B
J  O  L  A  H  O  H  F  O  T  T  L  I  C
W  G  N  I  N  T  Ä  M  I  A  R  B  E  R
V  N  O  S  G  O  D  L  T  Z  U  V  S  K
U  I  I  L  T  R  E  Y  U  T  K  I  E  O
V  N  T  I  F  R  P  E  B  E  T  N  L  B
V  V  K  R  G  E  U  H  I  T  U  K  E  E
H  I  I  J  T  T  J  K  R  I  R  E  X  R
S  R  R  I  N  E  D  K  T  L  I  L  A  Ä
P  D  F  G  G  M  A  Z  S  I  X  K  K  K
A  M  A  R  G  A  I  D  I  B  O  S  R  N
K  A  I  E  O  I  A  O  D  A  V  N  Y  I
A  R  U  N  L  D  A  K  S  T  Ä  V  T  N
R  F  W  E  N  O  N  I  K  S  A  M  S  G
```

VINKEL	STRUKTUR
BERÄKNING	FRIKTION
KONSTRUKTION	STYRKA
DIAGRAM	VÄTSKA
DIAMETER	MASKIN
DIESEL	MÄTNING
DISTRIBUTION	MOTOR
AXEL	SPAKAR
ENERGI	DJUP
STABILITET	FRAMDRIVNING

78 - Comida #1

```
S O C K E R B A S I L I K A
J P O N O L K F S S O R N I
S A L L A D Ö X P X X Z S Y
G V I R F C S K L Ö J M L J
T O R O M I M O D N Z I T B
N R O K Y F V G P J U I C E
C W G F T H A H A P C P V J
N S H M E F X V T T A P I O
T O N F I S K K A N E L T R
A T N Y M H C P K O N D L D
N L Ö E K V G Ä C R L H Ö G
E A P K Z W H R P T T C K U
P S I J X W I O U I G X Y B
S K A R K M Z N R C I S J B
```

VITLÖK	JORDGUBB
BASILIKA	JUICE
TONFISK	MJÖLK
SOCKER	CITRON
KANEL	MYNTA
KÖTT	ROVA
KORN	PÄRON
LÖK	SALT
SALLAD	SOPPA
SPENAT	MOROT

79 - Antigüedades

```
S  W  P  A  I  U  V  S  B  V  I  H  Å  D
K  M  K  S  I  T  N  E  T  U  A  Å  R  E
U  K  O  N  S  T  N  Y  M  I  D  R  H  K
L  G  N  O  I  T  K  U  A  V  L  T  U  O
P  A  M  P  R  N  I  U  J  U  S  I  N  R
T  L  X  Ö  P  A  C  P  O  V  L  O  D  A
U  L  J  T  B  G  N  Z  L  O  B  N  R  T
R  E  M  M  N  E  K  C  Y  M  S  D  A  I
F  R  I  T  T  L  L  G  F  Y  A  E  D  V
I  I  J  O  O  E  L  O  R  H  P  N  E  V
R  E  S  T  A  U  R  E  R  I  N  G  T  Ä
D  G  P  K  V  A  L  I  T  E  T  F  D  R
I  N  V  E  S  T  E  R  I  N  G  X  R  D
O  V  A  N  L  I  G  G  A  M  M  A  L  E
```

KONST	INVESTERING
AUTENTISK	SMYCKEN
KVALITET	MYNT
DEKORATIV	MÖBEL
ÅRTIONDEN	PRIS
ELEGANT	RESTAURERING
SKULPTUR	ÅRHUNDRADE
STIL	AUKTION
GALLERI	VÄRDE
OVANLIG	GAMMAL

80 - Literatura

```
T  S  S  B  A  X  D  K  K  Å  M  O  T  G
O  E  P  I  E  N  G  A  Z  S  E  U  L  F
D  S  M  F  T  S  A  Y  V  I  T  R  I  M
K  L  P  A  R  J  K  L  A  K  A  E  R  V
E  E  D  R  A  R  R  R  Y  T  F  T  D  R
N  R  I  G  G  X  X  A  I  S  O  I  U  L
A  Ö  K  O  E  U  R  N  H  V  R  I  B  P
D  F  T  I  D  K  A  A  R  O  N  Z  R  H
G  M  Y  B  I  P  B  L  I  T  S  I  I  V
E  Ä  R  O  M  A  N  O  R  Y  T  M  N  N
T  J  L  K  F  W  C  G  O  L  A  I  D  G
L  S  H  M  E  M  W  I  E  T  J  R  A  V
F  Ö  R  F  A  T  T  A  R  E  Z  V  A  N
D  W  F  I  P  O  E  T  I  S  K  S  H  V
```

ANALOGI

ANALYS

ANEKDOT

FÖRFATTARE

BIOGRAFI

JÄMFÖRELSE

BESKRIVNING

DIALOG

STIL

METAFOR

ROMAN

ÅSIKT

DIKT

POETISK

RIM

RYTM

TEMA

TRAGEDI

81 - Química

```
K  Z  R  U  T  A  R  E  P  M  E  T  B  N
S  A  R  Y  S  C  D  E  T  Ä  V  A  E  C
I  P  T  S  A  A  X  H  A  T  I  J  E  J
L  O  K  A  G  K  R  Y  D  K  D  W  V  K
A  L  R  E  L  L  A  T  E  M  T  O  A  J
K  U  E  F  X  Y  K  T  L  L  F  I  N  M
L  K  K  X  L  K  S  U  V  I  A  E  O  U
A  F  L  X  I  E  T  A  W  M  R  L  O  N
V  I  K  T  K  L  Ä  F  T  N  K  E  N  V
S  N  K  R  L  O  V  N  G  O  N  K  C  F
O  A  O  E  O  M  L  A  H  J  R  T  T  X
G  W  L  G  R  E  N  Z  Y  M  Ä  R  A  Y
J  U  K  T  C  V  Ä  R  M  E  K  O  A  T
V  F  U  Y  S  Y  R  E  X  E  J  N  H  C
```

ALKALISK	JON
SYRA	VÄTSKA
VÄRME	METALLER
KOL	MOLEKYL
KATALYSATOR	KÄRNKRAFT
KLOR	SYRE
ELEKTRON	VIKT
ENZYM	REAKTION
GAS	SALT
VÄTE	TEMPERATUR

82 - Gobierno

```
V  X  A  W  V  A  M  B  N  F  S  C  N  K
W  X  K  A  M  N  O  H  A  R  T  J  Y  M
J  G  N  F  N  O  N  O  T  I  H  V  U  D
P  Ä  Y  C  V  I  U  T  I  H  J  Z  N  Y
O  R  M  I  W  S  M  A  O  E  N  F  E  T
L  Ä  S  L  G  S  E  L  N  T  G  H  D  C
I  T  Y  G  I  U  N  K  E  R  A  D  E  L
T  T  M  R  L  K  T  W  L  G  L  E  V  I
I  V  B  R  S  S  H  J  L  C  I  V  I  L
K  I  O  R  T  I  N  E  S  T  A  T  F  G
H  S  L  D  T  D  J  J  T  H  O  U  T  T
L  A  N  N  Ä  O  B  E  R  O  E  N  D  E
T  T  K  I  R  T  S  I  D  P  M  T  M  Y
N  A  T  I  O  N  K  T  N  R  J  X  T  L
```

CIVIL	LAG
TAL	FRIHET
DISKUSSION	LEDARE
DISTRIKT	MONUMENT
STAT	NATIONELL
JÄMLIKHET	NATION
OBEROENDE	POLITIK
RÄTTSLIG	SYMBOL
RÄTTVISA	

83 - Filantropía

```
G  M  H  B  M  T  M  B  S  S  C  O  K  F
E  B  O  E  N  E  F  L  E  D  E  M  H  I
N  K  A  A  A  H  C  N  R  H  S  D  P  N
E  Y  A  R  U  N  G  D  O  M  Ö  N  U  A
R  Y  V  E  N  E  G  G  K  A  U  V  T  N
O  R  F  N  V  R  L  R  S  R  P  F  E  S
S  E  H  O  J  Ö  O  U  I  G  P  D  H  R
I  T  M  D  F  G  B  P  N  O  D  O  G  V
T  K  Å  G  O  L  A  P  N  R  R  Z  I  N
E  A  L  F  S  Ä  L  E  Ä  P  A  G  L  U
T  T  T  K  P  V  D  R  M  E  G  E  R  U
B  N  E  T  E  H  G  I  L  K  S  N  Ä  M
D  O  H  I  S  T  O  R  I  A  J  Z  S  B
Y  K  R  G  E  M  E  N  S  K  A  P  L  G
```

VÄLGÖRENHET	HISTORIA
GEMENSKAP	ÄRLIGHET
KONTAKTER	MÄNSKLIGHETEN
DONERA	UNGDOM
FINANS	MÅL
MEDEL	UPPDRAG
GENEROSITET	BEHÖVER
MÄNNISKOR	BARN
GLOBAL	PROGRAM
GRUPPER	

84 - Clima

```
S T O R M T R O P I S K M L
T H I M M E L L K D X W O D
K L I M A T S J T N J C N G
Ö V E R S V Ä M N I N G S J
Y O M A U I P B L V A C U Z
W K E E T P R N O B K S N B
S N B L I X T B M I R M U N
T R O M B Z K F U H O T J A
M T D X L N L T U N V O B W
F R U T A R E P M E T R J R
C P N I O S U N J H R R L Y
C T R G C R Ä F S O M T A A
Z I S D R A K S Å J P Z S O
W W D I M M A A R Ä L O P F
```

ATMOSFÄR	POLÄRA
BRIS	BLIXT
HIMMEL	TORR
KLIMAT	TORKA
IS	TEMPERATUR
ORKAN	STORM
ÖVERSVÄMNING	TROMB
MONSUN	TROPISK
DIMMA	ÅSKA
MOLN	VIND

85 - Comida #2

```
T M Y C W K W C H K D S K Ä
T O M A T D Ö R B I T I R G
S E L L E R I R T W D K O G
I N G E F Ä R A S I F E N P
R C K L S C D W O B S I Ä L
E R W P S O L R O S Ä A R A
K N I P C H O K L A D R T N
D L M Ä K Y C K L I N G S T
M A N D E L B C I W H F K A
Z V Z Ä G R P A O I M A O H
X U L F G I G F N I J O C A
D R A E G G I R S A R C K U
H D C V E T E J R L N M A I
Y O G H U R T D E P T I Z H
```

KRONÄRTSKOCKA

MANDEL

SELLERI

RIS

ÄGGPLANTA

KÖRSBÄR

CHOKLAD

SOLROS

ÄGG

INGEFÄRA

KIWI

ÄPPLE

BRÖD

BANAN

KYCKLING

OST

TOMAT

VETE

DRUVA

YOGHURT

86 - Arte

```
S  B  A  I  P  Ä  B  X  Z  H  D  V  X  Z
T  Y  T  K  Y  E  R  Ö  M  U  H  P  S  A
D  X  M  O  P  N  R  L  T  P  A  J  I  O
A  W  F  B  B  M  M  S  I  S  E  O  P  R
R  P  I  X  O  Ä  Å  S  O  G  N  E  D  I
E  N  K  E  L  L  L  K  S  N  X  J  Y  G
R  A  I  L  L  T  N  I  J  L  L  B  R  I
I  O  M  P  E  K  I  L  H  J  P  I  U  N
P  U  A  M  U  T  N  D  X  C  T  I  G  A
S  G  R  O  S  S  G  R  B  I  Z  J  I  L
N  Z  E  K  I  X  A  A  U  U  J  S  F  Y
I  S  K  H  V  A  R  U  T  P  L  U  K  S
S  U  R  R  E  A  L  I  S  M  S  L  A  O
S  K  A  P  A  U  T  T  R  Y  C  K  K  B
```

KERAMIK	PERSONLIG
KOMPLEX	MÅLNINGAR
SKAPA	POESI
SKULPTUR	SKILDRA
UTTRYCK	ENKEL
FIGUR	SYMBOL
ÄRLIG	SURREALISM
HUMÖR	ÄMNE
INSPIRERAD	VISUELL
ORIGINAL	

87 - Diplomacia

```
R  Å  D  G  I  V  A  R  E  T  E  D  Z  N
P  O  L  I  T  I  K  U  B  N  X  T  C  U
I  R  S  Ä  K  E  R  H  E  T  K  S  I  S
U  E  R  A  D  P  H  U  J  K  S  C  U  K
T  S  Ö  L  I  H  U  M  A  N  I  T  Ä  R
L  O  D  A  S  S  A  B  M  A  T  G  K  R
Ä  L  A  O  K  M  P  B  E  W  A  E  O  E
N  U  S  I  U  F  D  R  L  I  M  M  N  G
D  T  S  B  S  M  S  F  Å  P  O  E  F  E
S  I  A  H  S  N  H  T  G  K  L  N  L  R
K  O  B  H  I  O  B  R  G  O  P  S  I  I
H  N  M  Y  O  Y  C  N  C  G  I  K  K  N
R  J  A  G  N  I  N  S  Ö  L  D  A  T  G
R  Ä  T  T  V  I  S  A  F  B  S  P  J  C
```

RÅDGIVARE	REGERING
GEMENSKAP	HUMANITÄR
KONFLIKT	SPRÅK
DIPLOMATISK	RÄTTVISA
DISKUSSION	POLITIK
AMBASSAD	RESOLUTION
AMBASSADÖR	SÄKERHET
UTLÄNDSK	LÖSNING
ETIK	

88 - Herboristería

```
K  L  Å  K  N  Ä  F  L  L  T  V  R  S  W
X  E  G  R  Ö  N  N  I  R  A  M  S  O  R
A  D  B  S  R  Y  O  P  V  S  J  C  V  G
M  N  Y  L  D  C  G  U  B  K  X  S  I  X
A  E  A  R  O  M  A  T  I  S  K  A  T  D
R  V  J  C  Z  A  R  B  Y  W  H  F  L  I
K  A  F  R  Y  E  D  C  U  O  A  F  Ö  L
U  L  A  C  A  S  N  V  H  S  B  R  K  L
R  G  I  N  C  M  T  E  T  I  L  A  V  K
M  Y  N  T  A  H  N  J  T  U  O  N  V  D
K  U  L  I  N  A  R  I  S  K  M  S  Ä  R
F  T  R  Ä  D  G  Å  R  D  R  M  M  X  E
I  N  G  R  E  D  I  E  N  S  A  A  T  G
E  K  B  A  S  I  L  I  K  A  L  K  L  D
```

VITLÖK	INGREDIENS
BASILIKA	TRÄDGÅRD
AROMATISK	LAVENDEL
SAFFRAN	MEJRAM
KVALITET	MYNTA
KULINARISK	VÄXT
DILL	ROSMARIN
DRAGON	SMAK
BLOMMA	GRÖN
FÄNKÅL	

89 - Energía

```
B  R  Ä  N  S  L  E  P  F  I  M  B  M  K
K  L  F  J  T  J  O  W  Ö  N  O  E  A  Ä
B  A  T  T  E  R  I  K  R  D  T  N  S  R
D  I  L  W  A  F  X  M  O  U  O  S  L  N
U  M  L  P  F  H  A  X  R  S  R  I  O  K
V  N  O  R  T  K  E  L  E  T  G  N  E  R
O  Ä  A  H  V  S  P  O  N  R  O  I  W  A
L  C  T  L  J  I  C  S  I  I  G  B  I  F
F  U  H  E  M  R  Ä  V  N  P  N  R  I  T
O  T  N  S  U  T  V  G  G  O  K  U  U  A
T  L  J  E  K  K  T  A  J  R  E  T  Z  S
O  D  N  I  V  E  O  O  G  T  D  F  H  F
N  C  F  D  V  L  F  Ö  R  N  Y  B  A  R
K  Z  D  Y  H  E  H  I  I  E  Å  X  J  G
```

BATTERI	BENSIN
VÄRME	VÄTE
KOL	INDUSTRI
BRÄNSLE	MOTOR
FÖRORENING	KÄRNKRAFT
DIESEL	FÖRNYBAR
ELEKTRON	SOL
ELEKTRISK	TURBIN
ENTROPI	ÅNGA
FOTON	VIND

90 - Especias

```
W N T O K S U M A Z S U G I
S U R E A K I R P A P Ö W N
L S M W N Ö R A M A L N T G
Å A A C E L R E D K A M S E
K S K L L K U M M I N C Y F
N U L R T I G J Y L M U D Ä
Ä W W Y I W G V F J U R D R
F W F I J T Z A I E C R T A
B I T T E R S N J N E Y N W
D A O A Y X I I I D J Y D K
H Y R P W S N L A D Y A S J
P E P P A R A J R Y S N X W
V I T L Ö K B N A R B D D P
W S A F F R A N W K V X T D
```

SUR	SÖT
VITLÖK	FÄNKÅL
BITTER	INGEFÄRA
ANIS	MUSKOT
SAFFRAN	PAPRIKA
KANEL	PEPPAR
LÖK	LAKRITS
KRYDDNEJLIKA	SMAK
KUMMIN	SALT
CURRY	VANILJ

91 - Emociones

```
A  K  S  L  I  E  L  Ö  U  N  H  Ö  C  A
F  N  V  Y  G  J  U  M  M  I  S  V  P  V
K  R  T  U  M  Z  G  H  W  V  S  E  D  S
G  K  E  A  Z  P  N  E  O  U  P  R  O  L
U  R  G  D  F  X  A  T  C  S  I  R  F  A
D  A  R  E  N  E  G  T  T  A  T  A  Z  P
K  H  F  L  S  X  A  P  I  L  A  S  K  P
V  Ä  N  L  I  G  H  E  T  I  C  K  Ä  N
R  S  O  R  G  V  P  J  G  G  K  N  R  A
M  Ä  V  F  Z  X  V  D  I  H  S  I  L  D
U  J  D  A  N  T  T  Ä  L  E  A  N  E  J
R  B  R  S  K  N  S  L  M  T  M  G  K  Ö
Y  H  B  K  L  Y  H  G  B  W  Y  B  W  N
W  D  K  S  S  A  I  N  N  E  H  Å  L  L
```

LEDA	RÄDSLA
TACKSAM	FRED
GLÄDJE	AVSLAPPNAD
LÄTTNAD	NÖJD
KÄRLEK	SYMPATI
GENERAD	ÖVERRASKNING
SALIGHET	ÖMHET
VÄNLIGHET	LUGN
INNEHÅLL	SORG
ILSKA	

92 - Universo

```
W  P  L  A  A  S  T  R  O  N  O  M  I  T
B  R  E  D  D  G  R  A  D  R  F  G  A  L
N  E  M  X  M  S  C  M  N  H  T  E  Z  L
C  R  M  D  T  Ö  A  A  Å  D  S  K  A  H
H  P  I  U  C  P  R  P  X  N  B  V  S  F
H  P  H  S  O  L  T  K  E  N  E  A  T  S
T  O  L  K  V  L  A  H  E  Y  G  T  R  O
H  K  R  S  G  A  L  A  X  R  Y  O  O  L
R  S  D  I  O  R  E  T  S  A  W  R  N  S
S  E  I  M  S  S  Y  N  L  I  G  A  O  T
W  L  K  S  U  O  L  O  S  G  C  A  M  Å
T  E  Y  O  A  Y  N  H  M  S  W  H  C  N
G  T  L  K  Y  D  U  T  I  G  N  O  L  D
H  I  M  M  E  L  S  K  W  J  C  N  K  K
```

ASTEROID
ASTRONOMI
ASTRONOM
HIMMELSK
HIMMEL
KOSMISK
EKVATOR
GALAX
HALVKLOT

HORISONT
BREDDGRAD
LONGITUD
MÅNE
MÖRKER
SOL
SOLSTÅND
TELESKOP
SYNLIG

93 - Jazz

```
Y  L  N  J  O  R  K  E  S  T  E  R  C  Z
N  O  I  T  A  S  I  V  O  R  P  M  I  O
K  W  X  N  G  O  T  T  E  K  N  I  K  K
K  Ä  W  O  E  C  T  I  R  Y  T  M  N  O
O  F  N  J  N  R  G  I  L  N  B  U  Y  N
M  A  L  D  R  K  O  N  S  T  N  Ä  R  S
P  V  Å  H  E  K  I  B  T  S  A  G  E  E
O  O  T  D  O  S  W  S  I  O  K  A  K  R
S  R  O  I  R  O  M  M  U  R  T  M  I  T
I  I  M  E  R  W  C  Z  X  M  W  M  S  S
T  T  G  S  L  X  W  I  C  U  G  A  U  U
Ö  E  R  C  V  E  L  G  X  B  X  L  M  A
R  R  G  O  I  P  M  W  M  L  T  Y  Y  J
B  E  T  O  N  I  N  G  N  A  L  A  T  D
```

KONSTNÄR
ALBUM
LÅT
KOMPOSITÖR
KONSERT
STIL
BETONING
KÄND
FAVORITER
GENRE

IMPROVISATION
MUSIK
MUSIKER
NY
ORKESTER
RYTM
TALANG
TRUMMOR
TEKNIK
GAMMAL

94 - Mediciones

```
C  N  U  R  D  W  N  L  H  J  Z  Y  J  Y
E  M  A  S  S  A  X  Ä  D  C  K  A  N  V
N  E  P  A  F  K  R  N  M  U  T  I  Z  D
T  Y  I  W  V  J  I  G  D  I  P  I  L  A
I  R  E  T  I  L  V  D  A  J  N  D  K  D
M  E  M  E  T  E  R  J  R  L  U  U  Y  E
E  T  Y  B  I  O  L  Ö  G  N  R  P  T  C
T  E  U  A  P  C  S  H  W  X  P  T  G  I
E  M  B  K  I  L  O  G  R  A  M  O  R  M
R  O  E  R  G  T  X  G  Z  X  V  N  A  A
O  L  Z  S  E  I  J  V  I  G  O  W  M  L
V  I  K  T  E  D  U  N  S  F  L  V  B  T
R  K  C  O  J  H  D  J  X  U  Y  B  F  J
C  A  Z  E  Z  M  I  T  O  I  M  E  V  H
```

HÖJD	LÄNGD
BREDD	MASSA
BYTE	METER
CENTIMETER	MINUT
DECIMAL	UNS
GRAD	VIKT
GRAM	DJUP
KILOGRAM	TUM
KILOMETER	TON
LITER	VOLYM

95 - Barcos

```
D  M  H  F  R  O  T  T  X  F  X  T  V  B
C  N  C  A  Ä  E  R  I  V  L  C  I  Å  E
H  O  L  Ö  V  R  P  E  Z  O  K  D  G  S
I  Y  L  J  C  C  J  O  B  D  K  V  O  Ä
I  C  K  S  I  T  U  A  N  I  A  A  R  T
P  M  R  U  F  L  O  T  T  E  J  T  Z  T
D  N  T  S  A  M  N  V  Å  M  A  T  V  N
G  M  O  T  O  R  A  J  B  T  K  E  H  I
U  I  N  Å  V  S  N  A  L  D  G  N  F  N
N  E  A  B  H  F  F  N  E  H  U  A  W  G
F  J  K  V  Y  K  U  K  G  L  V  M  F  X
I  F  N  I  K  H  K  A  E  N  U  Ö  I  R
T  W  B  L  O  U  X  R  S  U  R  J  J  K
Y  A  C  H  T  O  J  E  L  R  E  S  U  C
```

ANKARE	TIDVATTEN
FLOTTE	SJÖMAN
LIVBÅT	MAST
BOJ	MOTOR
KANOT	NAUTISK
REP	VÅGOR
FÄRJA	FLOD
KAJAK	BESÄTTNING
SJÖ	SEGELBÅT
HAV	YACHT

96 - Antártida

```
I  K  C  C  W  I  V  I  K  N  F  K  M  E
E  O  F  O  R  S  K  A  R  E  V  M  I  X
H  N  T  O  P  O  G  R  A  F  I  X  G  P
C  T  M  O  L  N  B  E  I  S  O  T  R  E
M  I  B  E  V  A  R  A  N  D  E  F  A  D
P  N  C  F  S  E  W  M  G  M  Z  X  T  I
I  E  L  G  L  A  C  I  Ä  R  E  R  I  T
N  N  G  E  O  G  R  A  F  I  G  C  O  I
G  T  S  T  E  N  I  G  T  Ö  A  R  N  O
V  R  U  T  A  R  E  P  M  E  T  L  U  N
I  O  R  R  T  B  M  T  T  O  W  W  J  S
N  W  E  W  C  S  E  D  T  D  L  K  W  X
E  Z  M  T  P  D  Y  E  R  A  L  G  Å  F
R  E  L  A  R  E  N  I  M  Ö  V  L  A  H
```

VATTEN	MIGRATION
VIK	MINERALER
BEVARANDE	MOLN
KONTINENT	FÅGLAR
EXPEDITION	HALVÖ
GEOGRAFI	PINGVINER
GLACIÄRER	STENIG
IS	TEMPERATUR
FORSKARE	TOPOGRAFI
ÖAR	

97 - Mamíferos

```
L H M G R A V E I R Ä R P E
D K P I C T T K H N R Ö J B
K D U R U G N Ä K I S V G U
Y F I A J F M I V N W C Y Y
K G O F G W C T N A F E L E
Å Y A F S E T T A K L V S Y
K S D E L F I N P B B A F L
S A N B V O W V A N F R J I
N R M A L L I R O G Å G Y X
A B K E D D N U H U R R N A
B E M K L T M J B R Ä V V U
S Z P B G A W T S Ä H F D M
K I Z Y K K M F P K A H L O
R P B Z N D F Y T U P O G G
```

VAL	KATT
ÅSNA	GORILLA
HÄST	GIRAFF
KAMEL	VARG
KÄNGURU	APA
ZEBRA	BJÖRN
KANIN	FÅR
PRÄRIEVARG	HUND
DELFIN	TJUR
ELEFANT	RÄV

98 - Boxeo

```
F  T  D  A  T  T  A  M  T  U  T  U  H  V
E  Ä  Z  S  R  A  K  S  D  N  A  H  A  I
Y  L  R  K  B  M  R  H  F  C  D  K  K  T
M  T  F  D  P  R  B  B  A  N  S  C  A  M
Y  H  A  J  I  A  D  Å  F  C  S  B  D  G
E  B  W  Z  A  G  Y  M  G  M  N  P  D  C
U  R  M  Z  M  N  H  R  J  E  P  Y  Y  A
A  F  K  T  I  Ä  K  E  F  V  P  E  R  H
K  O  T  V  R  O  L  R  T  Ä  P  M  Y  Y
R  K  J  T  O  P  O  A  U  N  O  G  Ä  P
Y  U  V  F  D  R  C  M  I  R  R  Z  Z  K
T  S  S  W  A  J  K  O  Z  Ö  K  D  E  L
S  P  A  R  K  A  A  D  Z  H  T  Z  V  D
M  M  O  T  S  T  Å  N  D  A  R  E  L  Z
```

DOMARE	HANDSKAR
HAKA	FÄRDIGHET
KLOCKA	SKADOR
FOKUS	KÄMPE
ARMBÅGE	MOTSTÅNDARE
REP	SPARKA
KROPP	POÄNG
HÖRN	NÄVE
UTMATTAD	SNABB
STYRKA	

99 - Abejas

```
M  B  L  O  M  M  A  D  T  V  A  X  F  Y
R  A  G  N  I  V  T  R  Ä  D  G  Å  R  D
S  Ö  W  B  L  O  M  M  O  R  M  A  T  P
H  V  K  Z  F  S  O  T  E  F  K  Z  O  E
T  F  Ä  L  C  Z  F  I  E  H  Y  I  H  A
Z  E  Z  R  S  B  E  D  F  S  P  Z  M  V
M  R  A  I  M  M  I  S  V  Ä  X  T  E  R
E  O  F  F  F  Z  F  K  M  I  A  H  T  I
M  Å  N  G  F  A  L  D  U  J  J  O  S  N
D  R  O  T  T  N  I  N  G  P  X  N  Y  S
P  O  L  L  E  N  S  O  L  F  A  U  S  E
P  O  L  L  I  N  A  T  O  R  U  N  O  K
I  V  Ä  L  G  Ö  R  A  N  D  E  G  K  T
D  X  F  R  U  K  T  Y  M  K  U  G  E  V
```

VINGAR	FRUKT
VÄLGÖRANDE	RÖK
VAX	INSEKT
BIKUPA	TRÄDGÅRD
MAT	HONUNG
MÅNGFALD	VÄXTER
EKOSYSTEM	POLLEN
SVÄRM	POLLINATOR
BLOMMA	DROTTNING
BLOMMOR	SOL

100 - Psicología

```
P  M  U  P  N  Z  T  T  E  R  A  P  I  U
R  M  B  T  G  N  C  A  E  C  X  K  H  N
O  E  E  E  N  K  S  I  N  I  L  K  U  D
B  D  T  H  I  Ä  E  Z  O  K  U  D  P  E
L  V  E  G  N  K  M  L  I  M  A  V  P  R
E  E  E  I  M  O  D  N  T  P  J  R  F  M
M  T  N  L  Ö  N  R  K  I  H  B  B  A  E
K  S  D  N  D  F  Ö  Ä  N  N  P  A  T  D
Ä  L  E  O  E  L  M  N  G  R  G  R  T  V
N  Ö  I  S  B  I  M  S  O  G  E  N  N  E
S  S  D  R  W  K  A  L  K  R  G  D  I  T
L  D  É  E  B  T  R  O  H  C  B  O  N  N
A  C  E  P  C  S  F  R  Y  V  T  M  G  A
A  C  R  V  E  R  K  L  I  G  H  E  T  Y
```

UTNÄMNING	BARNDOM
KLINISK	TANKAR
KOGNITION	UPPFATTNING
BETEENDE	PERSONLIGHET
KONFLIKT	PROBLEM
EGO	VERKLIGHET
KÄNSLOR	KÄNSLA
BEDÖMNING	UNDERMEDVETNA
IDÉER	DRÖMMAR
MEDVETSLÖS	TERAPI

1 - Agua

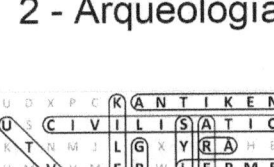

2 - Arqueología

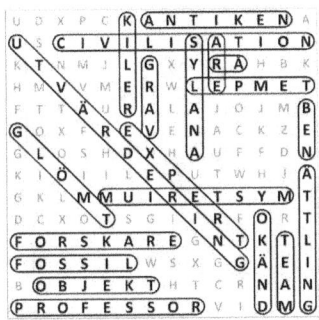

3 - Granja #2

4 - La Empresa

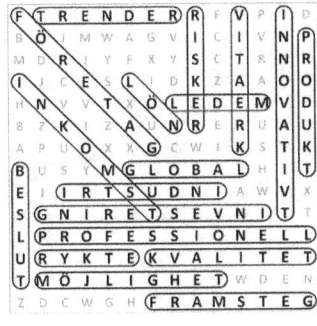

5 - Aviones

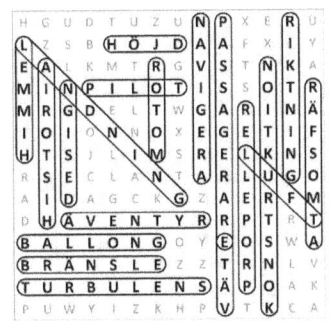

6 - Tipos de Cabello

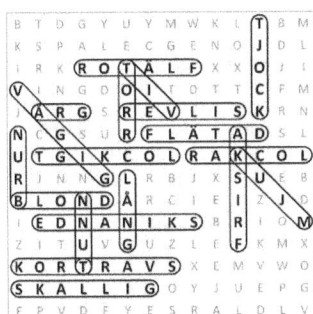

7 - Ética

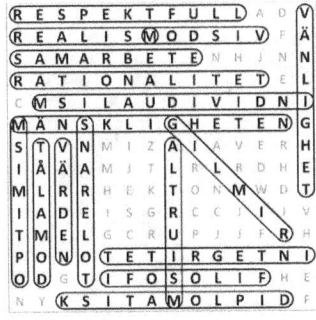

8 - Ciencia Ficción

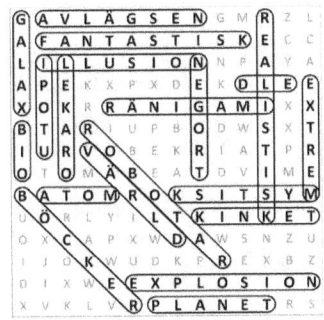

9 - Circo

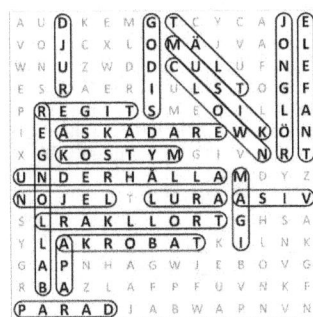

10 - Granja #1

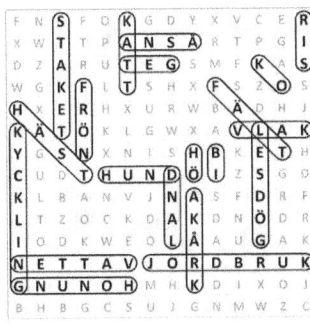

11 - Camping

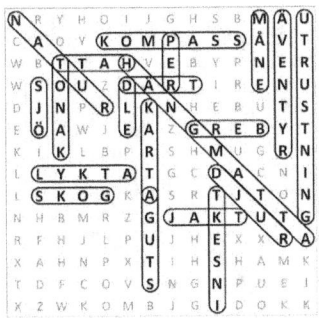

12 - Fruta

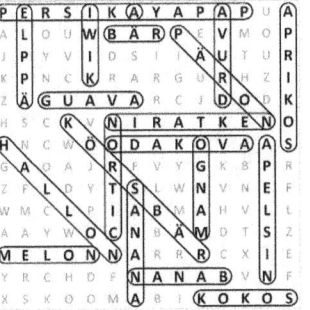

13 - Geología

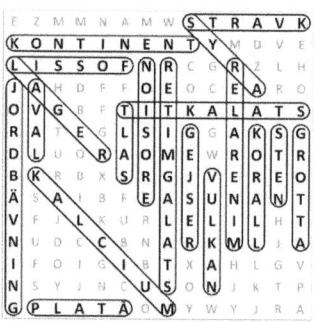

14 - Álgebra

15 - Plantas

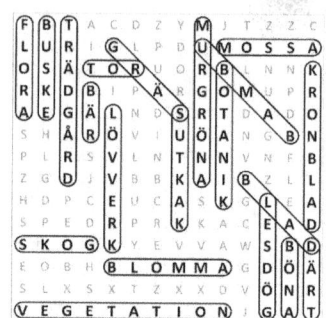

16 - Suministros de Arte

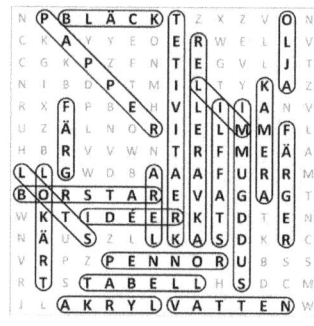

17 - Negocio

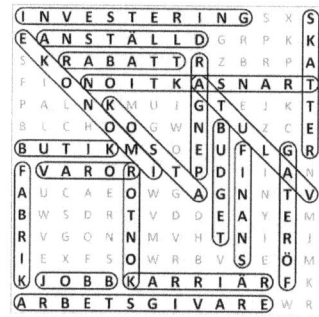

18 - Jardín

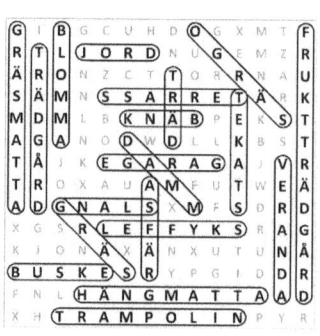

19 - Países #2

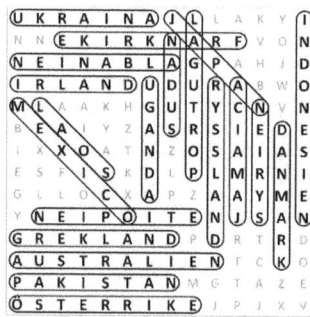

20 - Números

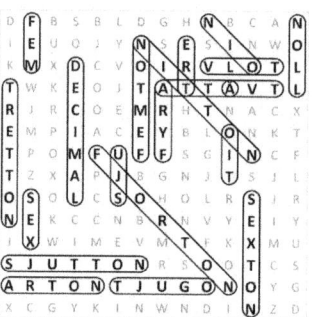

21 - Física

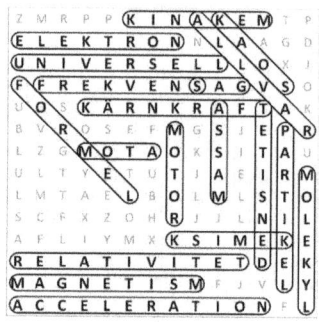

22 - Belleza

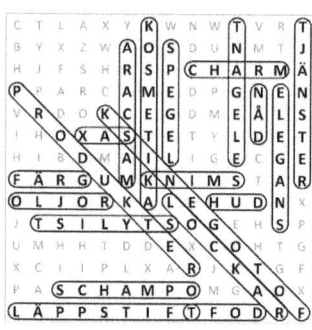

23 - Países #1

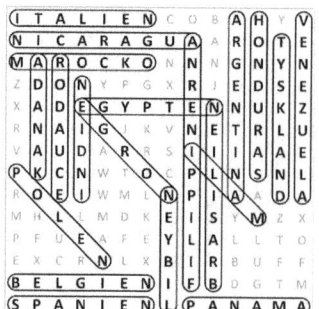

24 - Mitología

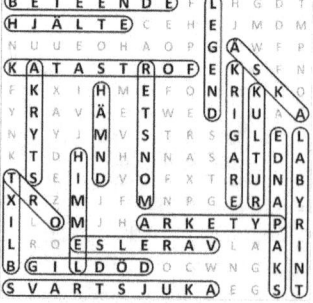

25 - Ecología

26 - Casa

27 - Salud y Bienestar #2

28 - Selva Tropical

29 - Adjetivos #1

30 - Familia

31 - Disciplinas Científicas

32 - Cocina

33 - Moda

34 - Electricidad

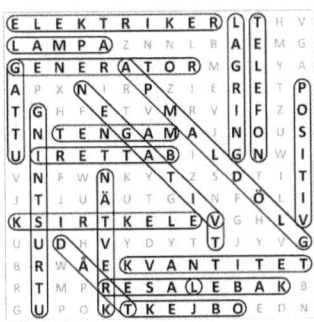

35 - Salud y Bienestar #1

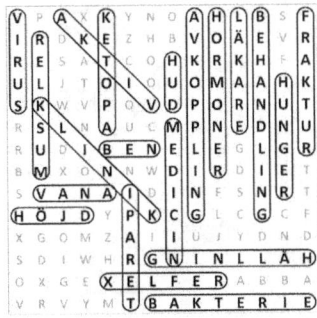

36 - Adjetivos #2

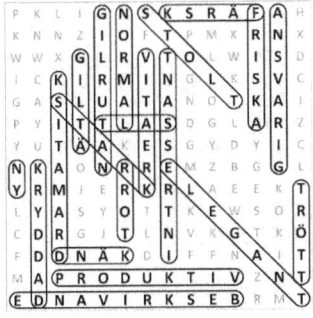

37 - Cuerpo Humano

38 - Ciencia

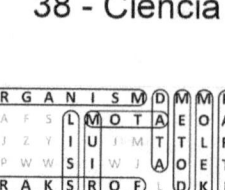
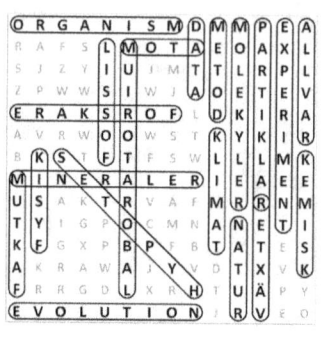

39 - Restaurante #2

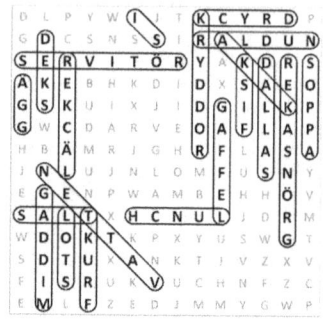

40 - Profesiones #1

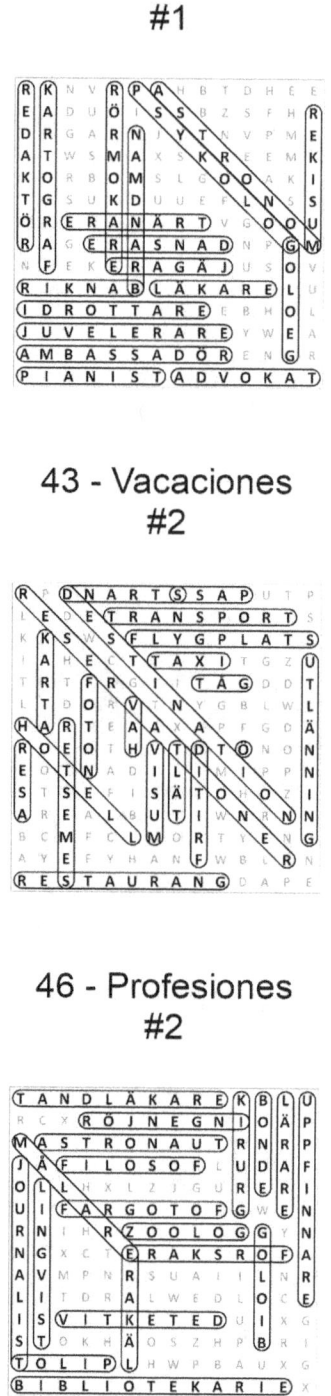

41 - Vehículos

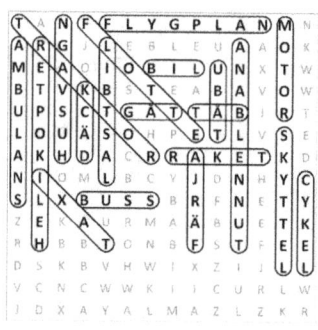

42 - Geometría

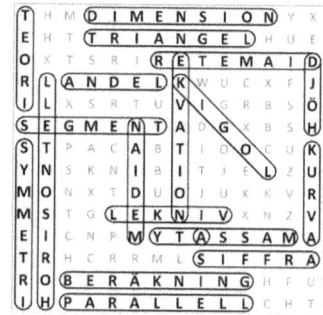

43 - Vacaciones #2

44 - Baile

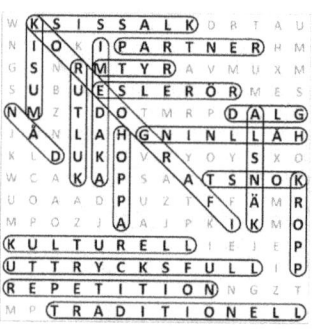

45 - Matemáticas

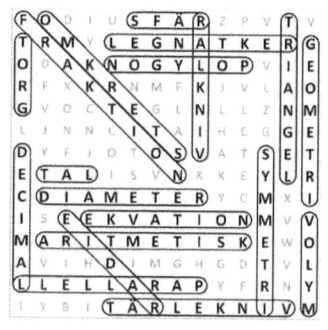

46 - Profesiones #2

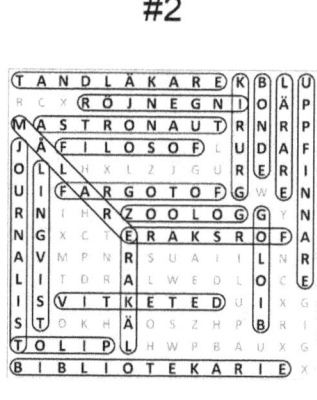

47 - Senderismo

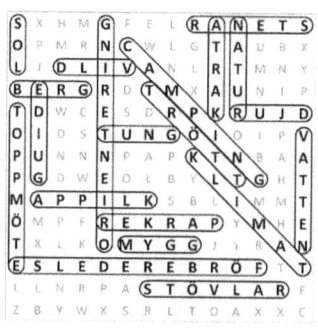

48 - Naturaleza

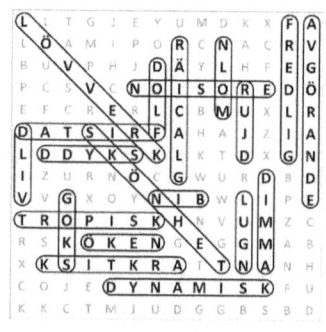

49 - Conduciendo

50 - Ballet

51 - Fuerza y Gravedad

52 - Aventura

53 - Pájaros

54 - Geografía

55 - Música

56 - Actividades

57 - Verduras

58 - Instrumentos Musicales

59 - Mascotas

60 - Formas

61 - Flores

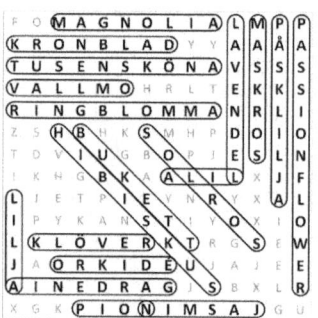

62 - Astronomía

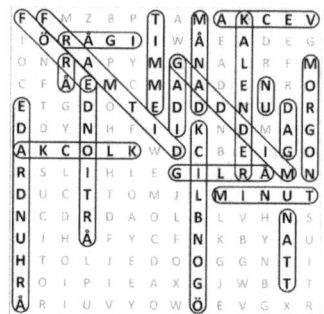

63 - Tiempo

64 - Paisajes

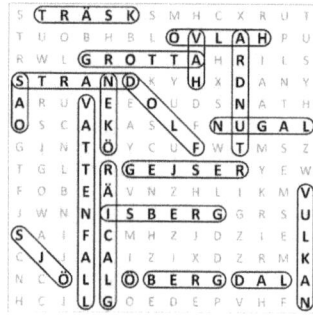

65 - Días y Meses

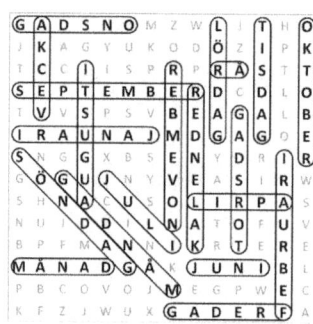

66 - Barbacoas

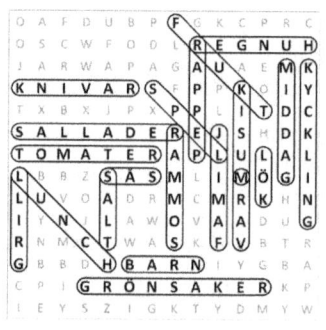

67 - Ropa

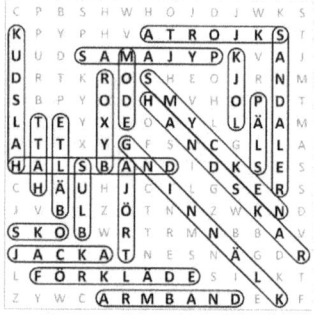

68 - Meditación

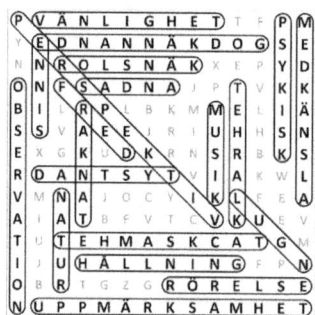

69 - Café

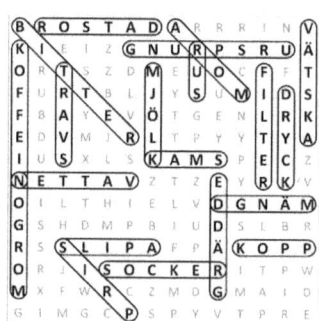

70 - Libros

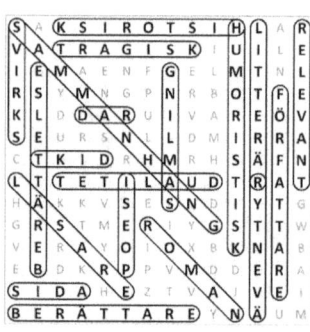

71 - Los Medios de Comunicación

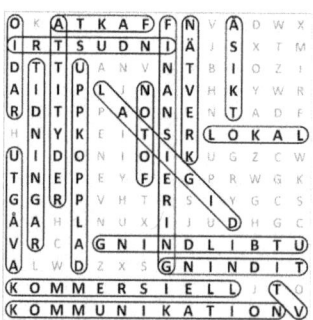

72 - Nutrición

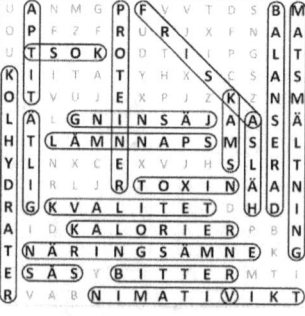

73 - Edificios

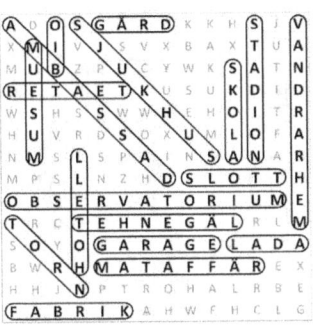

74 - Océano

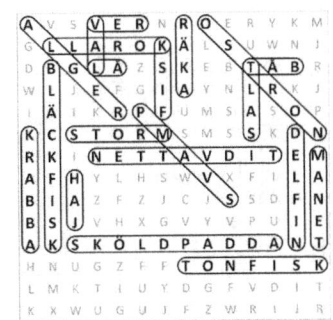

75 - Ciudad

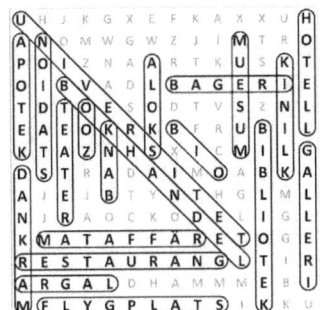

76 - Actividades y Ocio

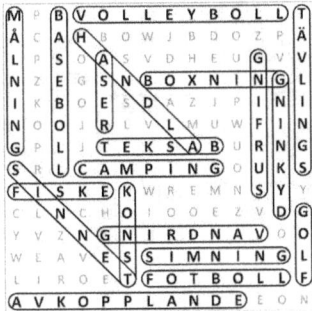

77 - Ingeniería

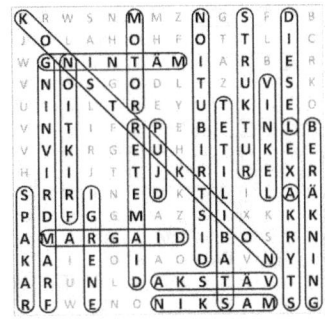

78 - Comida #1

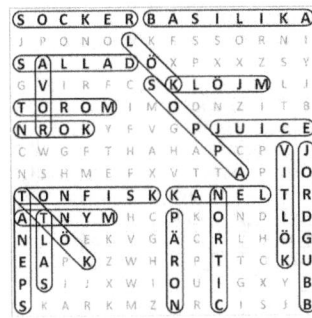

79 - Antigüedades

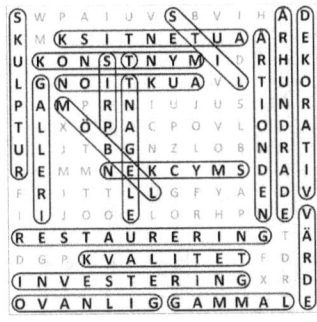

80 - Literatura

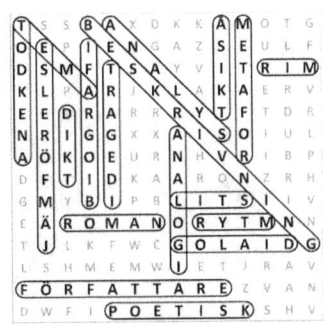

81 - Química

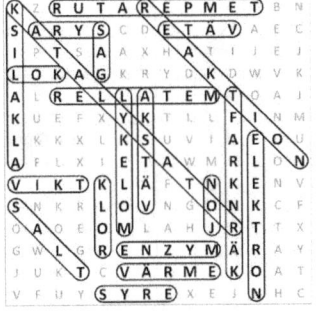

82 - Gobierno

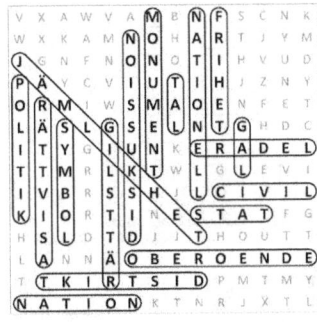

83 - Filantropía

84 - Clima

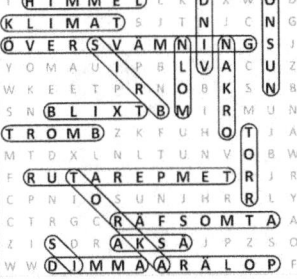

85 - Comida #2

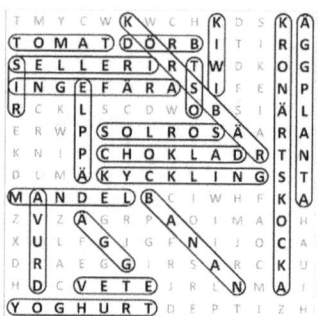

86 - Arte

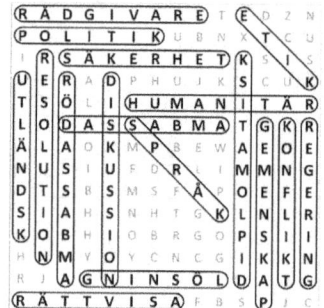

87 - Diplomacia

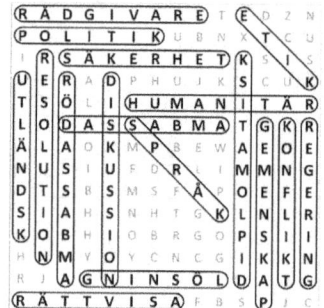

88 - Herboristería

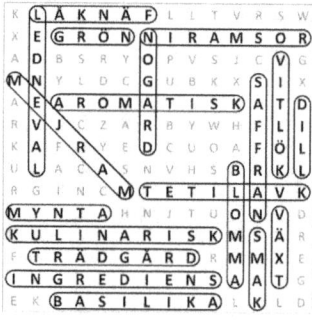

89 - Energía

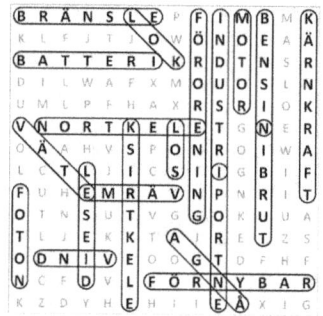

90 - Especias

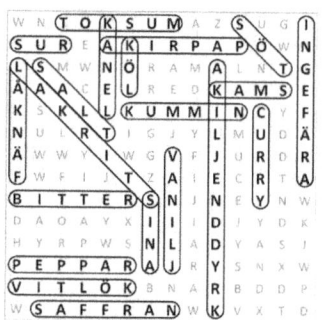

91 - Emociones

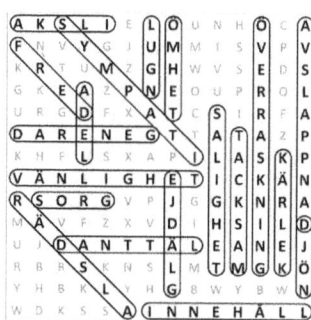

92 - Universo

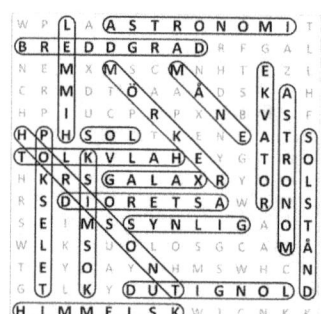

93 - Jazz

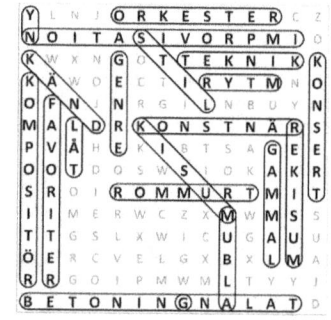

94 - Mediciones

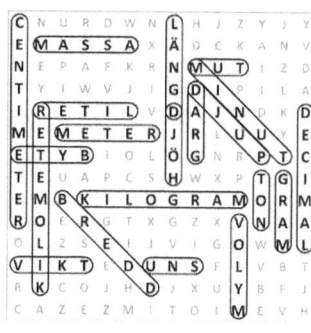

95 - Barcos

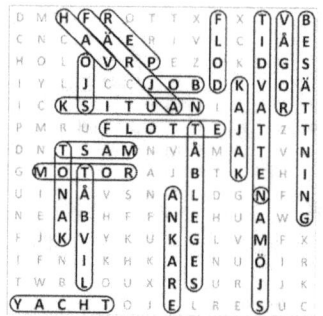

96 - Antártida

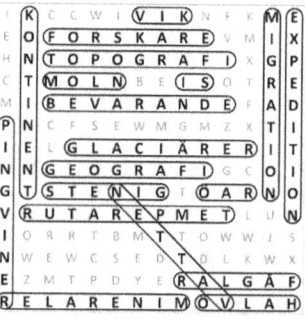

97 - Mamíferos

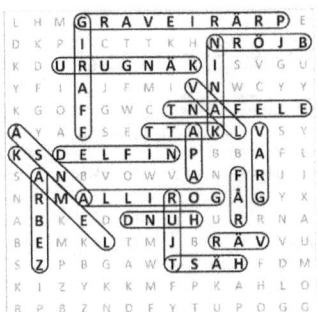

98 - Boxeo

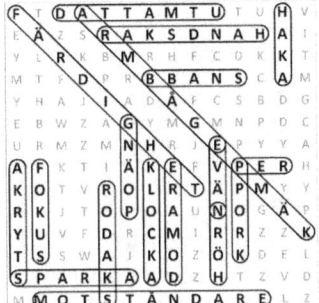

99 - Abejas

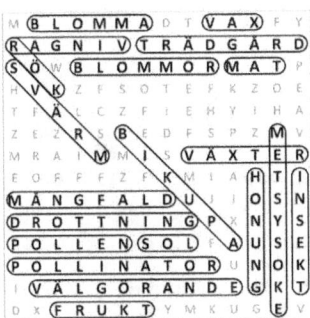

100 - Psicología

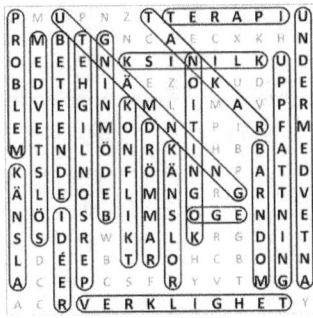

Diccionario

Abejas
Bin

Alas	Vingar
Beneficioso	Välgörande
Cera	Vax
Colmena	Bikupa
Comida	Mat
Diversidad	Mångfald
Ecosistema	Ekosystem
Enjambre	Svärm
Flor	Blomma
Flores	Blommor
Fruta	Frukt
Humo	Rök
Insecto	Insekt
Jardín	Trädgård
Miel	Honung
Plantas	Växter
Polen	Pollen
Polinizador	Pollinator
Reina	Drottning
Sol	Sol

Actividades
Aktiviteter

Actividad	Aktivitet
Arte	Konst
Artesanía	Hantverk
Caza	Jakt
Cerámica	Keramik
Costura	Sömnad
Fotografía	Fotografi
Habilidad	Färdighet
Intereses	Intressen
Juegos	Spel
Lectura	Läsning
Magia	Magi
Ocio	Fritid
Pesca	Fiske
Pintura	Målning
Placer	Nöje
Relajación	Avkoppling
Rompecabezas	Pussel
Senderismo	Vandring
Tejer	Stickning

Actividades y Ocio
Aktiviteter och Fritid

Arte	Konst
Baloncesto	Basket
Béisbol	Baseboll
Boxeo	Boxning
Buceo	Dykning
Camping	Camping
Carreras	Tävlings
Compras	Handla
Fútbol	Fotboll
Golf	Golf
Natación	Simning
Pesca	Fiske
Pintura	Målning
Relajante	Avkopplande
Senderismo	Vandring
Surf	Surfing
Tenis	Tennis
Viaje	Resa
Voleibol	Volleyboll

Adjetivos #1
Adjektiv #1

Absoluto	Absolut
Activo	Aktiv
Ambicioso	Ambitiös
Aromático	Aromatisk
Atractivo	Attraktiv
Brillante	Ljus
Enorme	Enorm
Generoso	Generös
Grande	Stor
Honesto	Ärlig
Importante	Viktig
Inocente	Oskyldig
Joven	Ung
Lento	Långsam
Moderno	Modern
Oscuro	Mörk
Perfecto	Perfekt
Pesado	Tung
Serio	Allvarlig
Valioso	Värdefull

Adjetivos #2
Adjektiv #2

Cansado	Trött
Comestible	Ätlig
Creativo	Kreativ
Descriptivo	Beskrivande
Dramático	Dramatisk
Elegante	Elegant
Famoso	Känd
Fresco	Färsk
Fuerte	Stark
Interesante	Intressant
Natural	Naturlig
Normal	Normal
Nuevo	Ny
Orgulloso	Stolt
Picante	Kryddad
Productivo	Produktiv
Responsable	Ansvarig
Salado	Salt
Saludable	Friska
Seco	Torr

Agua
Vatten

Canal	Kanal
Ducha	Dusch
Evaporación	Avdunstning
Géiser	Gejser
Helada	Frost
Hielo	Is
Humedad	Fuktighet
Huracán	Orkan
Húmedo	Fuktig
Inundación	Översvämning
Lago	Sjö
Lluvia	Regn
Monzón	Monsun
Nieve	Snö
Océano	Hav
Olas	Vågor
Potable	Drickbar
Riego	Bevattning
Río	Flod
Vapor	Ånga

Antártida
Antarktis

Agua	Vatten
Bahía	Vik
Científico	Vetenskaplig
Conservación	Bevarande
Continente	Kontinent
Expedición	Expedition
Geografía	Geografi
Glaciares	Glaciärer
Hielo	Is
Investigador	Forskare
Islas	Öar
Migración	Migration
Minerales	Mineraler
Nubes	Moln
Pájaros	Fåglar
Península	Halvö
Pingüinos	Pingviner
Rocoso	Stenig
Temperatura	Temperatur
Topografía	Topografi

Antigüedades
Antikviteter

Arte	Konst
Auténtico	Autentisk
Calidad	Kvalitet
Decorativo	Dekorativ
Décadas	Årtionden
Elegante	Elegant
Escultura	Skulptur
Estilo	Stil
Galería	Galleri
Inusual	Ovanlig
Inversión	Investering
Joyas	Smycken
Monedas	Mynt
Mueble	Möbel
Precio	Pris
Restauración	Restaurering
Siglo	Århundrade
Subasta	Auktion
Valor	Värde
Viejo	Gammal

Arqueología
Arkeologi

Análisis	Analys
Antigüedad	Antiken
Años	År
Civilización	Civilisation
Descendiente	Ättling
Desconocido	Okänd
Equipo	Team
Era	Era
Evaluación	Utvärdering
Experto	Expert
Fósil	Fossil
Huesos	Ben
Investigador	Forskare
Misterio	Mysterium
Objetos	Objekt
Olvidado	Glömt
Profesor	Professor
Reliquia	Relik
Templo	Tempel
Tumba	Grav

Arte
Konst

Cerámica	Keramik
Complejo	Komplex
Crear	Skapa
Escultura	Skulptur
Expresión	Uttryck
Figura	Figur
Honesto	Ärlig
Humor	Humör
Inspirado	Inspirerad
Original	Original
Personal	Personlig
Pinturas	Målningar
Poesía	Poesi
Retratar	Skildra
Sencillo	Enkel
Símbolo	Symbol
Surrealismo	Surrealism
Tema	Ämne
Visual	Visuell

Astronomía
Astronomi

Asteroide	Asteroid
Astronauta	Astronaut
Astrónomo	Astronom
Cielo	Himmel
Cohete	Raket
Constelación	Konstellation
Cosmos	Kosmos
Eclipse	Förmörkelse
Equinoccio	Dagjämning
Galaxia	Galax
Luna	Måne
Meteoro	Meteor
Observatorio	Observatorium
Planeta	Planet
Radiación	Strålning
Satélite	Satellit
Supernova	Supernova
Telescopio	Teleskop
Tierra	Jord
Universo	Universum

Aventura
Äventyr

Actividad	Aktivitet
Alegría	Glädje
Amigos	Vänner
Belleza	Skönhet
Destino	Destination
Dificultad	Svårighet
Entusiasmo	Entusiasm
Excursión	Utflykt
Inusual	Ovanlig
Itinerario	Resväg
Naturaleza	Natur
Navegación	Navigering
Nuevo	Ny
Oportunidad	Chans
Peligroso	Farlig
Preparación	Förberedelse
Seguridad	Säkerhet
Sorprendente	Överraskande
Valentía	Mod
Viajes	Resor

Aviones
Flygplan

Aire	Luft
Altura	Höjd
Aterrizaje	Landning
Atmósfera	Atmosfär
Aventura	Äventyr
Cielo	Himmel
Combustible	Bränsle
Construcción	Konstruktion
Dirección	Riktning
Diseño	Design
Globo	Ballong
Hélices	Propeller
Hidrógeno	Väte
Historia	Historia
Motor	Motor
Navegar	Navigera
Pasajero	Passagerare
Piloto	Pilot
Tripulación	Besättning
Turbulencia	Turbulens

Álgebra
Algebra

Cantidad	Kvantitet
Cero	Noll
Diagrama	Diagram
División	Division
Ecuación	Ekvation
Exponente	Exponent
Factor	Faktor
Falso	Falsk
Fórmula	Formel
Fracción	Fraktion
Infinito	Oändlig
Lineal	Linjär
Matriz	Matris
Número	Siffra
Paréntesis	Parentes
Problema	Problem
Resta	Subtraktion
Simplificar	Förenkla
Solución	Lösning
Variable	Variabel

Baile
Dansa

Academia	Akademi
Alegre	Glad
Arte	Konst
Clásico	Klassisk
Coreografía	Koreografi
Cuerpo	Kropp
Cultura	Kultur
Cultural	Kulturell
Emoción	Känsla
Ensayo	Repetition
Expresivo	Uttrycksfull
Gracia	Nåd
Movimiento	Rörelse
Música	Musik
Postura	Hållning
Ritmo	Rytm
Saltar	Hoppa
Socio	Partner
Tradicional	Traditionell
Visual	Visuell

Ballet
Balett

Aplauso	Applåder
Artístico	Konstnärlig
Audiencia	Publik
Bailarina	Ballerina
Bailarines	Dansare
Compositor	Kompositör
Coreografía	Koreografi
Ensayo	Repetition
Estilo	Stil
Expresivo	Uttrycksfull
Gesto	Gest
Habilidad	Färdighet
Intensidad	Intensitet
Lecciones	Lektioner
Músculos	Muskler
Música	Musik
Orquesta	Orkester
Práctica	Öva
Ritmo	Rytm
Técnica	Teknik

Barbacoas
Grillar

Almuerzo	Lunch
Caliente	Varm
Cebollas	Lök
Cena	Middag
Cuchillos	Knivar
Ensaladas	Sallader
Familia	Familj
Fruta	Frukt
Hambre	Hunger
Juegos	Spel
Música	Musik
Niños	Barn
Parrilla	Grill
Pimienta	Peppar
Pollo	Kyckling
Sal	Salt
Salsa	Sås
Tomates	Tomater
Verano	Sommar
Verduras	Grönsaker

Barcos
Båtar

Ancla	Ankare
Balsa	Flotte
Bote Salvavidas	Livbåt
Boya	Boj
Canoa	Kanot
Cuerda	Rep
Ferry	Färja
Kayak	Kajak
Lago	Sjö
Mar	Hav
Marea	Tidvatten
Marinero	Sjöman
Mástil	Mast
Motor	Motor
Náutico	Nautisk
Olas	Vågor
Río	Flod
Tripulación	Besättning
Velero	Segelbåt
Yate	Yacht

Belleza
Skönhet

Aceites	Oljor
Champú	Schampo
Color	Färg
Cosméticos	Kosmetika
Elegancia	Elegans
Elegante	Elegant
Encanto	Charm
Espejo	Spegel
Estilista	Stylist
Fotogénico	Fotogenisk
Fragancia	Doft
Gracia	Nåd
Maquillaje	Smink
Piel	Hud
Pintalabios	Läppstift
Productos	Produkter
Rizos	Lockar
Rímel	Mascara
Servicios	Tjänster
Tijeras	Sax

Boxeo
Boxning

Árbitro	Domare
Barbilla	Haka
Campana	Klocka
Centrar	Fokus
Codo	Armbåge
Cuerdas	Rep
Cuerpo	Kropp
Esquina	Hörn
Exhausto	Utmattad
Fuerza	Styrka
Guantes	Handskar
Habilidad	Färdighet
Lesiones	Skador
Luchador	Kämpe
Oponente	Motståndare
Patear	Sparka
Puntos	Poäng
Puño	Näve
Rápido	Snabb
Recuperación	Återhämtning

Café
Kaffe

Agua	Vatten
Amargo	Bitter
Aroma	Arom
Asado	Rostad
Azúcar	Socker
Ácido	Sur
Bebida	Dryck
Cafeína	Koffein
Crema	Grädde
Filtro	Filter
Leche	Mjölk
Líquido	Vätska
Mañana	Morgon
Moler	Slipa
Negro	Svart
Origen	Ursprung
Precio	Pris
Sabor	Smak
Taza	Kopp
Variedad	Mängd

Camping
Camping

Animales	Djur
Aventura	Äventyr
Árboles	Träd
Bosque	Skog
Brújula	Kompass
Cabina	Stuga
Canoa	Kanot
Caza	Jakt
Cuerda	Rep
Equipo	Utrustning
Fuego	Eld
Hamaca	Hängmatta
Insecto	Insekt
Lago	Sjö
Linterna	Lykta
Luna	Måne
Mapa	Karta
Montaña	Berg
Naturaleza	Natur
Sombrero	Hatt

Casa
Hus

Alfombra	Matta
Ático	Vind
Biblioteca	Bibliotek
Chimenea	Skorsten
Cocina	Kök
Dormitorio	Sovrum
Ducha	Dusch
Escoba	Kvast
Espejo	Spegel
Garaje	Garage
Grifo	Kran
Jardín	Trädgård
Lámpara	Lampa
Pared	Vägg
Piso	Golv
Puerta	Dörr
Sótano	Källare
Techo	Tak
Valla	Staket
Ventana	Fönster

Ciencia
Vetenskap

Átomo	Atom
Científico	Forskare
Clima	Klimat
Datos	Data
Evolución	Evolution
Experimento	Experiment
Física	Fysik
Fósil	Fossil
Gravedad	Allvar
Hecho	Faktum
Hipótesis	Hypotes
Laboratorio	Laboratorium
Método	Metod
Minerales	Mineraler
Moléculas	Molekyler
Naturaleza	Natur
Organismo	Organism
Partículas	Partiklar
Plantas	Växter
Químico	Kemisk

Ciencia Ficción
Science Fiction

Atómico	Atom
Cine	Bio
Distante	Avlägsen
Explosión	Explosion
Extremo	Extrem
Fantástico	Fantastisk
Fuego	Eld
Futurista	Trogen
Galaxia	Galax
Ilusión	Illusion
Imaginario	Imaginär
Libros	Böcker
Misterioso	Mystisk
Mundo	Värld
Oráculo	Orakel
Planeta	Planet
Realista	Realistisk
Robots	Robotar
Tecnología	Teknik
Utopía	Utopi

Circo
Cirkus

Acróbata	Akrobat
Animales	Djur
Caramelo	Godis
Carpa	Tält
Desfile	Parad
Elefante	Elefant
Entretener	Underhålla
Espectador	Åskådare
Globos	Ballonger
León	Lejon
Magia	Magi
Mago	Trollkarl
Malabarista	Jonglör
Mono	Apa
Mostrar	Visa
Música	Musik
Payaso	Clown
Tigre	Tiger
Traje	Kostym
Truco	Lura

Ciudad
Staden

Aeropuerto	Flygplats
Banco	Bank
Biblioteca	Bibliotek
Cine	Bio
Clínica	Klinik
Escuela	Skola
Estadio	Stadion
Farmacia	Apotek
Galería	Galleri
Hotel	Hotell
Librería	Bokhandel
Mercado	Marknad
Museo	Museum
Panadería	Bageri
Restaurante	Restaurang
Supermercado	Mataffär
Teatro	Teater
Tienda	Lagra
Universidad	Universitet
Zoo	Zoo

Clima
Väder

Atmósfera	Atmosfär
Brisa	Bris
Cielo	Himmel
Clima	Klimat
Hielo	Is
Huracán	Orkan
Inundación	Översvämning
Monzón	Monsun
Niebla	Dimma
Nube	Moln
Polar	Polära
Rayo	Blixt
Seco	Torr
Sequía	Torka
Temperatura	Temperatur
Tormenta	Storm
Tornado	Tromb
Tropical	Tropisk
Trueno	Åska
Viento	Vind

Cocina
Kök

Caldera	Vattenkokare
Comida	Mat
Congelador	Frys
Cucharas	Skedar
Cucharón	Slev
Cuchillos	Knivar
Delantal	Förkläde
Especias	Kryddor
Esponja	Svamp
Horno	Ugn
Jarra	Kanna
Palillos	Ätpinnar
Parrilla	Grill
Receta	Recept
Refrigerador	Kylskåp
Servilleta	Servett
Tarro	Burk
Tazas	Koppar
Tazón	Skål
Tenedores	Gafflar

Comida #1
Mat #1

Ajo	Vitlök
Albahaca	Basilika
Atún	Tonfisk
Azúcar	Socker
Canela	Kanel
Carne	Kött
Cebada	Korn
Cebolla	Lök
Ensalada	Sallad
Espinacas	Spenat
Fresa	Jordgubb
Jugo	Juice
Leche	Mjölk
Limón	Citron
Menta	Mynta
Nabo	Rova
Pera	Päron
Sal	Salt
Sopa	Soppa
Zanahoria	Morot

Comida #2
Mat #2

Alcachofa	Kronärtskocka
Almendra	Mandel
Apio	Selleri
Arroz	Ris
Berenjena	Äggplanta
Cereza	Körsbär
Chocolate	Choklad
Girasol	Solros
Huevo	Ägg
Jengibre	Ingefära
Kiwi	Kiwi
Manzana	Äpple
Pan	Bröd
Plátano	Banan
Pollo	Kyckling
Queso	Ost
Tomate	Tomat
Trigo	Vete
Uva	Druva
Yogur	Yoghurt

Conduciendo
Körning

Accidente	Olycka
Calle	Gata
Camión	Lastbil
Coche	Bil
Combustible	Bränsle
Frenos	Bromsar
Garaje	Garage
Gas	Gas
Licencia	Licens
Mapa	Karta
Motocicleta	Motorcykel
Motor	Motor
Peatonal	Fotgängare
Peligro	Fara
Policía	Polis
Seguridad	Säkerhet
Transporte	Transport
Tráfico	Trafik
Túnel	Tunnel
Velocidad	Hastighet

Cuerpo Humano
Människokroppen

Barbilla	Haka
Boca	Mun
Cabeza	Huvud
Cara	Ansikte
Cerebro	Hjärna
Codo	Armbåge
Corazón	Hjärta
Cuello	Hals
Dedo	Finger
Hombro	Axel
Lengua	Tunga
Mano	Hand
Nariz	Näsa
Ojo	Öga
Oreja	Öra
Piel	Hud
Pierna	Ben
Rodilla	Knä
Sangre	Blod
Tobillo	Fotled

Diplomacia
Diplomati

Asesor	Rådgivare
Comunidad	Gemenskap
Conflicto	Konflikt
Cooperación	Samarbete
Diplomático	Diplomatisk
Discusión	Diskussion
Embajada	Ambassad
Embajador	Ambassadör
Extranjero	Utländsk
Ética	Etik
Gobierno	Regering
Humanitario	Humanitär
Idiomas	Språk
Integridad	Integritet
Justicia	Rättvisa
Política	Politik
Resolución	Resolution
Seguridad	Säkerhet
Solución	Lösning
Tratado	Fördrag

Disciplinas Científicas
Vetenskapliga Discipliner

Anatomía	Anatomi
Arqueología	Arkeologi
Astronomía	Astronomi
Biología	Biologi
Bioquímica	Biokemi
Botánica	Botanik
Ecología	Ekologi
Fisiología	Fysiologi
Geología	Geologi
Inmunología	Immunologi
Lingüística	Lingvistik
Mecánica	Mekanik
Meteorología	Meteorologi
Mineralogía	Mineralogi
Neurología	Neurologi
Psicología	Psykologi
Química	Kemi
Sociología	Sociologi
Termodinámica	Termodynamik
Zoología	Zoologi

Días y Meses
Dagar och Månader

Abril	April
Agosto	Augusti
Año	År
Calendario	Kalender
Domingo	Söndag
Enero	Januari
Febrero	Februari
Jueves	Torsdag
Julio	Juli
Junio	Juni
Lunes	Måndag
Martes	Tisdag
Mes	Månad
Miércoles	Onsdag
Noviembre	November
Octubre	Oktober
Sábado	Lördag
Semana	Vecka
Septiembre	September
Viernes	Fredag

Ecología
Ekologi

Clima	Klimat
Comunidades	Samhällen
Diversidad	Mångfald
Especie	Art
Fauna	Fauna
Flora	Flora
Global	Global
Hábitat	Livsmiljö
Marino	Marin
Natural	Naturlig
Naturaleza	Natur
Pantano	Kärr
Plantas	Växter
Recursos	Medel
Sequía	Torka
Sostenible	Hållbar
Supervivencia	Överlevnad
Variedad	Mängd
Vegetación	Vegetation
Voluntarios	Frivilliga

Edificios
Byggnader

Albergue	Vandrarhem
Apartamento	Lägenhet
Castillo	Slott
Cine	Bio
Embajada	Ambassad
Escuela	Skola
Estadio	Stadion
Fábrica	Fabrik
Garaje	Garage
Granero	Lada
Granja	Gård
Hospital	Sjukhus
Hotel	Hotell
Laboratorio	Laboratorium
Museo	Museum
Observatorio	Observatorium
Supermercado	Mataffär
Teatro	Teater
Torre	Torn
Universidad	Universitet

Electricidad
El

Almacenamiento	Lagring
Batería	Batteri
Bombilla	Glödlampa
Cable	Kabel
Cables	Tråd
Cantidad	Kvantitet
Electricista	Elektriker
Eléctrico	Elektrisk
Enchufe	Uttag
Equipo	Utrustning
Generador	Generator
Imán	Magnet
Lámpara	Lampa
Láser	Laser
Negativo	Negativ
Objetos	Objekt
Positivo	Positiv
Red	Nätverk
Televisión	Tv
Teléfono	Telefon

Emociones
Känslor

Aburrimiento	Leda
Agradecido	Tacksam
Alegría	Glädje
Alivio	Lättnad
Amor	Kärlek
Avergonzado	Generad
Beatitud	Salighet
Bondad	Vänlighet
Contenido	Innehåll
Emocionado	Upphetsad
Ira	Ilska
Miedo	Rädsla
Paz	Fred
Relajado	Avslappnad
Satisfecho	Nöjd
Simpatía	Sympati
Sorpresa	Överraskning
Ternura	Ömhet
Tranquilidad	Lugn
Tristeza	Sorg

Energía
Energi

Batería	Batteri
Calor	Värme
Carbono	Kol
Combustible	Bränsle
Contaminación	Förorening
Diesel	Diesel
Electrón	Elektron
Eléctrico	Elektrisk
Entropía	Entropi
Fotón	Foton
Gasolina	Bensin
Hidrógeno	Väte
Industria	Industri
Motor	Motor
Nuclear	Kärnkraft
Renovable	Förnybar
Sol	Sol
Turbina	Turbin
Vapor	Ånga
Viento	Vind

Especias
Kryddor

Agrio	Sur
Ajo	Vitlök
Amargo	Bitter
Anís	Anis
Azafrán	Saffran
Canela	Kanel
Cebolla	Lök
Clavo	Kryddnejlika
Comino	Kummin
Curry	Curry
Dulce	Söt
Hinojo	Fänkål
Jengibre	Ingefära
Nuez Moscada	Muskot
Pimentón	Paprika
Pimienta	Peppar
Regaliz	Lakrits
Sabor	Smak
Sal	Salt
Vainilla	Vanilj

Ética
Etik

Altruismo	Altruism
Bondad	Vänlighet
Compasión	Medkänsla
Cooperación	Samarbete
Dignidad	Värdighet
Diplomático	Diplomatisk
Filosofía	Filosofi
Honestidad	Ärlighet
Humanidad	Mänskligheten
Individualismo	Individualism
Integridad	Integritet
Optimismo	Optimism
Paciencia	Tålamod
Racionalidad	Rationalitet
Razonable	Rimlig
Realismo	Realism
Respetuoso	Respektfull
Sabiduría	Visdom
Tolerancia	Tolerans
Valores	Värden

Familia
Familj

Abuela	Mormor
Abuelo	Farfar
Antepasado	Förfader
Esposa	Fru
Hermana	Syster
Hermano	Bror
Hija	Dotter
Infancia	Barndom
Madre	Mor
Marido	Make
Materno	Moderns
Nieto	Barnbarn
Niño	Barn
Padre	Far
Paterno	Faderlig
Primo	Kusin
Sobrina	Syskonbarn
Sobrino	Brorson
Tía	Moster
Tío	Farbror

Filantropía
Filantropi

Caridad	Välgörenhet
Comunidad	Gemenskap
Contactos	Kontakter
Donar	Donera
Finanzas	Finans
Fondos	Medel
Generosidad	Generositet
Gente	Människor
Global	Global
Grupos	Grupper
Historia	Historia
Honestidad	Ärlighet
Humanidad	Mänskligheten
Juventud	Ungdom
Metas	Mål
Misión	Uppdrag
Necesitar	Behöver
Niños	Barn
Programas	Program
Público	Offentlig

Física
Fysik

Aceleración	Acceleration
Átomo	Atom
Caos	Kaos
Densidad	Densitet
Electrón	Elektron
Fórmula	Formel
Frecuencia	Frekvens
Gas	Gas
Gravedad	Allvar
Magnetismo	Magnetism
Masa	Massa
Mecánica	Mekanik
Molécula	Molekyl
Motor	Motor
Nuclear	Kärnkraft
Partícula	Partikel
Químico	Kemisk
Relatividad	Relativitet
Universal	Universell
Velocidad	Hastighet

Flores
Blommor

Amapola	Vallmo
Caléndula	Ringblomma
Diente de León	Maskros
Gardenia	Gardenia
Girasol	Solros
Hibisco	Hibiskus
Jazmín	Jasmin
Lavanda	Lavendel
Lila	Lila
Lirio	Lilja
Magnolia	Magnolia
Margarita	Tusensköna
Narciso	Påsklilja
Orquídea	Orkidé
Pasionaria	Passionflower
Peonía	Pion
Pétalo	Kronblad
Ramo	Bukett
Trébol	Klöver
Tulipán	Tulpan

Formas
Former

Arco	Båge
Bordes	Kanter
Cilindro	Cylinder
Círculo	Cirkel
Cono	Kon
Cuadrado	Torg
Cubo	Kub
Curva	Kurva
Elipse	Ellips
Esfera	Sfär
Esquina	Hörn
Hipérbola	Hyperbel
Lado	Sida
Línea	Linje
Oval	Oval
Pirámide	Pyramid
Polígono	Polygon
Prisma	Prisma
Rectángulo	Rektangel
Triángulo	Triangel

Fruta
Frukt

Aguacate	Avokado
Albaricoque	Aprikos
Baya	Bär
Cereza	Körsbär
Coco	Kokos
Frambuesa	Hallon
Guayaba	Guava
Kiwi	Kiwi
Limón	Citron
Mango	Mango
Manzana	Äpple
Melocotón	Persika
Melón	Melon
Naranja	Apelsin
Nectarina	Nektarin
Papaya	Papaya
Pera	Päron
Piña	Ananas
Plátano	Banan
Uva	Druva

Fuerza y Gravedad
Kraft och Gravitation

Centro	Centrum
Descubrimiento	Upptäckt
Dinámico	Dynamisk
Distancia	Avstånd
Eje	Axel
Expansión	Expansion
Física	Fysik
Fricción	Friktion
Impacto	Effekt
Magnetismo	Magnetism
Magnitud	Magnitud
Mecánica	Mekanik
Órbita	Omloppsbana
Peso	Vikt
Planetas	Planeter
Presión	Tryck
Propiedades	Egenskaper
Tiempo	Tid
Universal	Universell
Velocidad	Hastighet

Geografía
Geografi

Altitud	Höjd
Atlas	Atlas
Ciudad	Stad
Continente	Kontinent
Hemisferio	Halvklot
Isla	Ö
Latitud	Breddgrad
Longitud	Longitud
Mapa	Karta
Mar	Hav
Meridiano	Meridian
Montaña	Berg
Mundo	Värld
Norte	Norr
Oeste	Väst
País	Land
Región	Område
Río	Flod
Sur	Söder
Territorio	Territorium

Geología
Geologi

Ácido	Syra
Calcio	Kalcium
Capa	Lager
Caverna	Grotta
Continente	Kontinent
Coral	Korall
Cristales	Kristaller
Cuarzo	Kvarts
Erosión	Erosion
Estalactita	Stalaktit
Estalagmitas	Stalagmiter
Fósil	Fossil
Géiser	Gejser
Lava	Lava
Meseta	Platå
Minerales	Mineraler
Piedra	Sten
Sal	Salt
Terremoto	Jordbävning
Volcán	Vulkan

Geometría
Geometri

Altura	Höjd
Ángulo	Vinkel
Cálculo	Beräkning
Curva	Kurva
Diámetro	Diameter
Dimensión	Dimension
Ecuación	Ekvation
Horizontal	Horisontell
Lógica	Logik
Masa	Massa
Mediana	Median
Número	Siffra
Paralelo	Parallell
Proporción	Andel
Segmento	Segment
Simetría	Symmetri
Superficie	Yta
Teoría	Teori
Triángulo	Triangel
Vertical	Vertikal

Gobierno
Regeringen

Ciudadanía	Medborgarskap
Civil	Civil
Constitución	Konstitution
Democracia	Demokrati
Discurso	Tal
Discusión	Diskussion
Distrito	Distrikt
Estado	Stat
Igualdad	Jämlikhet
Independencia	Oberoende
Judicial	Rättslig
Justicia	Rättvisa
Ley	Lag
Libertad	Frihet
Líder	Ledare
Monumento	Monument
Nacional	Nationell
Nación	Nation
Política	Politik
Símbolo	Symbol

Granja #1
Gård #1

Abeja	Bi
Agricultura	Jordbruk
Agua	Vatten
Arroz	Ris
Burro	Åsna
Caballo	Häst
Cabra	Get
Campo	Fält
Cuervo	Kråka
Fertilizante	Gödsel
Gato	Katt
Heno	Hö
Miel	Honung
Perro	Hund
Pollo	Kyckling
Semillas	Frön
Ternero	Kalv
Tierra	Land
Vaca	Ko
Valla	Staket

Granja #2
Gård #2

Agricultor	Bonde
Animales	Djur
Cebada	Korn
Colmena	Bikupa
Comida	Mat
Cordero	Lamm
Fruta	Frukt
Granero	Lada
Huerto	Fruktträdgård
Leche	Mjölk
Llama	Lama
Maíz	Majs
Oveja	Får
Pastor	Herde
Pato	Anka
Prado	Äng
Riego	Bevattning
Tractor	Traktor
Trigo	Vete
Vegetal	Grönsak

Herboristería
Herbalism

Ajo	Vitlök
Albahaca	Basilika
Aromático	Aromatisk
Azafrán	Saffran
Calidad	Kvalitet
Culinario	Kulinarisk
Eneldo	Dill
Estragón	Dragon
Flor	Blomma
Hinojo	Fänkål
Ingrediente	Ingrediens
Jardín	Trädgård
Lavanda	Lavendel
Mejorana	Mejram
Menta	Mynta
Perejil	Persilja
Planta	Växt
Romero	Rosmarin
Sabor	Smak
Verde	Grön

Ingeniería
Teknik

Ángulo	Vinkel
Cálculo	Beräkning
Construcción	Konstruktion
Diagrama	Diagram
Diámetro	Diameter
Diesel	Diesel
Distribución	Distribution
Eje	Axel
Energía	Energi
Estabilidad	Stabilitet
Estructura	Struktur
Fricción	Friktion
Fuerza	Styrka
Líquido	Vätska
Máquina	Maskin
Medición	Mätning
Motor	Motor
Palancas	Spakar
Profundidad	Djup
Propulsión	Framdrivning

Instrumentos Musicales
Musikinstrument

Armónica	Munspel
Arpa	Harpa
Banjo	Banjo
Clarinete	Klarinett
Fagot	Fagott
Flauta	Flöjt
Gong	Gong
Guitarra	Gitarr
Mandolina	Mandolin
Marimba	Marimba
Oboe	Oboe
Pandereta	Tamburin
Percusión	Slagverk
Piano	Piano
Saxofón	Saxofon
Tambor	Trumma
Trombón	Trombon
Trompeta	Trumpet
Violín	Fiol
Violonchelo	Cello

Jardín
Trädgård

Arbusto	Buske
Árbol	Träd
Banco	Bänk
Césped	Gräsmatta
Estanque	Damm
Flor	Blomma
Garaje	Garage
Hamaca	Hängmatta
Hierba	Gräs
Huerto	Fruktträdgård
Jardín	Trädgård
Malezas	Ogräs
Manguera	Slang
Pala	Skyffel
Porche	Veranda
Rastrillo	Räfsa
Suelo	Jord
Terraza	Terrass
Trampolín	Trampolin
Valla	Staket

Jazz
Jazz

Artista	Konstnär
Álbum	Album
Canción	Låt
Compositor	Kompositör
Concierto	Konsert
Estilo	Stil
Énfasis	Betoning
Famoso	Känd
Favoritos	Favoriter
Género	Genre
Improvisación	Improvisation
Música	Musik
Músicos	Musiker
Nuevo	Ny
Orquesta	Orkester
Ritmo	Rytm
Talento	Talang
Tambores	Trummor
Técnica	Teknik
Viejo	Gammal

La Empresa
Företaget

Calidad	Kvalitet
Creativo	Kreativ
Decisión	Beslut
Global	Global
Industria	Industri
Ingresos	Inkomst
Innovador	Innovativt
Inversión	Investering
Negocio	Företag
Posibilidad	Möjlighet
Presentación	Presentation
Producto	Produkt
Profesional	Professionell
Progreso	Framsteg
Recursos	Medel
Reputación	Rykte
Riesgos	Risker
Salarios	Lön
Tendencias	Trender
Unidades	Enheter

Libros
Böcker

Autor	Författare
Aventura	Äventyr
Colección	Samling
Contexto	Sammanhang
Dualidad	Dualitet
Escrito	Skrivs
Historia	Berättelse
Histórico	Historisk
Humorístico	Humoristisk
Inmersión	Nedsänkning
Lector	Läsare
Literario	Litterär
Narrador	Berättare
Novela	Roman
Página	Sida
Pertinente	Relevant
Poema	Dikt
Poesía	Poesi
Serie	Rad
Trágico	Tragisk

Literatura
Litteratur

Analogía	Analogi
Análisis	Analys
Anécdota	Anekdot
Autor	Författare
Biografía	Biografi
Comparación	Jämförelse
Conclusión	Slutsats
Descripción	Beskrivning
Diálogo	Dialog
Estilo	Stil
Metáfora	Metafor
Narrador	Berättare
Novela	Roman
Opinión	Åsikt
Poema	Dikt
Poético	Poetisk
Rima	Rim
Ritmo	Rytm
Tema	Tema
Tragedia	Tragedi

Los Medios de Comunicación
Medium

Actitudes	Attityder
Comercial	Kommersiell
Comunicación	Kommunikation
Digital	Digital
Edición	Utgåva
Educación	Utbildning
En Línea	Uppkopplad
Financiación	Finansiering
Fotos	Foton
Hechos	Fakta
Industria	Industri
Intelectual	Intellektuell
Local	Lokal
Opinión	Åsikt
Periódicos	Tidningar
Público	Offentlig
Radio	Radio
Red	Nätverk
Revistas	Tidning
Televisión	Tv

Mamíferos
Däggdjur

Ballena	Val
Burro	Åsna
Caballo	Häst
Camello	Kamel
Canguro	Känguru
Cebra	Zebra
Conejo	Kanin
Coyote	Prärievarg
Delfín	Delfin
Elefante	Elefant
Gato	Katt
Gorila	Gorilla
Jirafa	Giraff
Lobo	Varg
Mono	Apa
Oso	Björn
Oveja	Får
Perro	Hund
Toro	Tjur
Zorro	Räv

Mascotas
Husdjur

Agua	Vatten
Cabra	Get
Cachorro	Valp
Cola	Svans
Collar	Krage
Comida	Mat
Conejo	Kanin
Correa	Koppel
Garras	Klor
Gato	Katt
Hámster	Hamster
Lagarto	Ödla
Loro	Papegoja
Patas	Tassar
Perro	Hund
Pescado	Fisk
Ratón	Mus
Tortuga	Sköldpadda
Vaca	Ko
Veterinario	Veterinär

Matemáticas
Matematik

Aritmética	Aritmetisk
Ángulos	Vinklar
Circunferencia	Omkrets
Cuadrado	Torg
Decimal	Decimal
Diámetro	Diameter
Ecuación	Ekvation
Esfera	Sfär
Exponente	Exponent
Fracción	Fraktion
Geometría	Geometri
Números	Tal
Paralelo	Parallell
Perpendicular	Vinkelrät
Polígono	Polygon
Radio	Radie
Rectángulo	Rektangel
Simetría	Symmetri
Triángulo	Triangel
Volumen	Volym

Mediciones
Mått

Altura	Höjd
Ancho	Bredd
Byte	Byte
Centímetro	Centimeter
Decimal	Decimal
Grado	Grad
Gramo	Gram
Kilogramo	Kilogram
Kilómetro	Kilometer
Litro	Liter
Longitud	Längd
Masa	Massa
Metro	Meter
Minuto	Minut
Onza	Uns
Peso	Vikt
Profundidad	Djup
Pulgada	Tum
Tonelada	Ton
Volumen	Volym

Meditación
Meditation

Aceptación	Godkännande
Atención	Uppmärksamhet
Bondad	Vänlighet
Calma	Lugn
Claridad	Klarhet
Compasión	Medkänsla
Emociones	Känslor
Gratitud	Tacksamhet
Mental	Psykisk
Mente	Sinne
Movimiento	Rörelse
Música	Musik
Naturaleza	Natur
Observación	Observation
Paz	Fred
Pensamientos	Tankar
Perspectiva	Perspektiv
Postura	Hållning
Respiración	Andas
Silencio	Tystnad

Mitología
Mytologi

Arquetipo	Arketyp
Celos	Svartsjuka
Cielo	Himmel
Comportamiento	Beteende
Creación	Skapande
Creencias	Tro
Criatura	Varelse
Cultura	Kultur
Desastre	Katastrof
Fuerza	Styrka
Guerrero	Krigare
Héroe	Hjälte
Inmortalidad	Odödlighet
Laberinto	Labyrint
Leyenda	Legend
Monstruo	Monster
Mortal	Dödlig
Rayo	Blixt
Trueno	Åska
Venganza	Hämnd

Moda
Mode

Bordado	Broderi
Botones	Knappar
Boutique	Boutique
Caro	Dyr
Elegante	Elegant
Encaje	Spets
Estilo	Stil
Mediciones	Mätningar
Minimalista	Minimalistisk
Moderno	Modern
Modesto	Blygsam
Original	Original
Patrón	Mönster
Práctico	Praktisk
Ropa	Kläder
Sencillo	Enkel
Sofisticado	Sofistikerad
Tejido	Tyg
Tendencia	Trend
Textura	Textur

Música
Musik

Armonía	Harmoni
Armónico	Harmonisk
Álbum	Album
Balada	Ballad
Cantante	Sångare
Cantar	Sjunga
Clásico	Klassisk
Coro	Kör
Grabación	Inspelning
Improvisar	Improvisera
Instrumento	Instrument
Melodía	Melodi
Micrófono	Mikrofon
Musical	Musikalisk
Músico	Musiker
Ópera	Opera
Poético	Poetisk
Ritmo	Rytm
Tempo	Tempo
Vocal	Sång

Naturaleza
Natur

Abejas	Bin
Animales	Djur
Ártico	Arktisk
Belleza	Skönhet
Bosque	Skog
Desierto	Öken
Dinámico	Dynamisk
Erosión	Erosion
Follaje	Lövverk
Glaciar	Glaciär
Niebla	Dimma
Nubes	Moln
Pacífico	Fredlig
Refugio	Skydd
Río	Flod
Salvaje	Vild
Santuario	Fristad
Sereno	Lugn
Tropical	Tropisk
Vital	Avgörande

Negocio
Företag

Carrera	Karriär
Costo	Kosta
Descuento	Rabatt
Dinero	Pengar
Economía	Ekonomi
Empleado	Anställd
Empleador	Arbetsgivare
Empresa	Företag
Fábrica	Fabrik
Finanzas	Finans
Impuestos	Skatter
Inversión	Investering
Mercancía	Varor
Moneda	Valuta
Oficina	Kontor
Presupuesto	Budget
Tienda	Butik
Trabajo	Jobb
Transacción	Transaktion
Venta	Försäljning

Nutrición
Näring

Amargo	Bitter
Apetito	Aptit
Calidad	Kvalitet
Calorías	Kalorier
Carbohidratos	Kolhydrater
Cereales	Spannmål
Comestible	Ätlig
Dieta	Kost
Digestión	Matsmältning
Equilibrado	Balanserad
Fermentación	Jäsning
Nutriente	Näringsämne
Peso	Vikt
Proteínas	Proteiner
Sabor	Smak
Salsa	Sås
Salud	Hälsa
Saludable	Friska
Toxina	Toxin
Vitamina	Vitamin

Números
Nummer

Catorce	Fjorton
Cero	Noll
Cinco	Fem
Cuatro	Fyra
Decimal	Decimal
Diecinueve	Nitton
Dieciocho	Arton
Dieciséis	Sexton
Diecisiete	Sjutton
Diez	Tio
Doce	Tolv
Dos	Två
Nueve	Nio
Ocho	Åtta
Quince	Femton
Seis	Sex
Siete	Sju
Trece	Tretton
Tres	Tre
Veinte	Tjugo

Océano
Hav

Alga	Alger
Anguila	Ål
Arrecife	Rev
Atún	Tonfisk
Ballena	Val
Barco	Båt
Camarón	Räka
Cangrejo	Krabba
Coral	Korall
Delfín	Delfin
Esponja	Svamp
Mareas	Tidvatten
Medusa	Manet
Ostra	Ostron
Pescado	Fisk
Pulpo	Bläckfisk
Sal	Salt
Tiburón	Haj
Tormenta	Storm
Tortuga	Sköldpadda

Paisajes
Landskap

Cascada	Vattenfall
Cueva	Grotta
Desierto	Öken
Estuario	Flodmynning
Géiser	Gejser
Glaciar	Glaciär
Iceberg	Isberg
Isla	Ö
Lago	Sjö
Laguna	Lagun
Mar	Hav
Montaña	Berg
Oasis	Oas
Pantano	Träsk
Península	Halvö
Playa	Strand
Río	Flod
Tundra	Tundra
Valle	Dal
Volcán	Vulkan

Países #1
Länder #1

Alemania	Tyskland
Argentina	Argentina
Bélgica	Belgien
Brasil	Brasilien
Canadá	Kanada
Ecuador	Ecuador
Egipto	Egypten
España	Spanien
Filipinas	Filippinerna
Honduras	Honduras
India	Indien
Italia	Italien
Libia	Libyen
Malí	Mali
Marruecos	Marocko
Nicaragua	Nicaragua
Noruega	Norge
Panamá	Panama
Polonia	Polen
Venezuela	Venezuela

Países #2
Länder #2

Albania	Albanien
Australia	Australien
Austria	Österrike
Dinamarca	Danmark
Etiopía	Etiopien
Francia	Frankrike
Grecia	Grekland
Indonesia	Indonesien
Irlanda	Irland
Jamaica	Jamaica
Japón	Japan
Laos	Laos
México	Mexico
Pakistán	Pakistan
Portugal	Portugal
Rusia	Ryssland
Siria	Syrien
Sudán	Sudan
Ucrania	Ukraina
Uganda	Uganda

Pájaros
Fåglar

Avestruz	Struts
Águila	Örn
Cigüeña	Stork
Cisne	Svan
Cuco	Gök
Cuervo	Kråka
Flamenco	Flamingo
Ganso	Gås
Garza	Häger
Gaviota	Mås
Gorrión	Sparv
Halcón	Hök
Huevo	Ägg
Loro	Papegoja
Paloma	Duva
Pato	Anka
Pelícano	Pelikan
Pingüino	Pingvin
Pollo	Kyckling
Tucán	Toucan

Plantas
Växter

Arbusto	Buske
Árbol	Träd
Bambú	Bambu
Baya	Bär
Bosque	Skog
Botánica	Botanik
Cactus	Kaktus
Fertilizante	Gödsel
Flor	Blomma
Flora	Flora
Follaje	Lövverk
Frijol	Böna
Hiedra	Murgröna
Hierba	Gräs
Hoja	Blad
Jardín	Trädgård
Musgo	Mossa
Pétalo	Kronblad
Raíz	Rot
Vegetación	Vegetation

Profesiones #1
Yrken # 1

Abogado	Advokat
Astrónomo	Astronom
Atleta	Idrottare
Bailarín	Dansare
Banquero	Bankir
Bombero	Brandman
Cartógrafo	Kartograf
Cazador	Jägare
Doctor	Läkare
Editor	Redaktör
Embajador	Ambassadör
Enfermera	Sjuksköterska
Entrenador	Tränare
Fontanero	Rörmokare
Geólogo	Geolog
Joyero	Juvelerare
Músico	Musiker
Pianista	Pianist
Psicólogo	Psykolog
Veterinario	Veterinär

Profesiones #2
Yrken # 2

Agricultor	Bonde
Astronauta	Astronaut
Bibliotecario	Bibliotekarie
Biólogo	Biolog
Cirujano	Kirurg
Dentista	Tandläkare
Detective	Detektiv
Filósofo	Filosof
Fotógrafo	Fotograf
Ilustrador	Illustratör
Ingeniero	Ingenjör
Inventor	Uppfinnare
Investigador	Forskare
Lingüista	Lingvist
Médico	Läkare
Periodista	Journalist
Piloto	Pilot
Pintor	Målare
Profesor	Lärare
Zoólogo	Zoolog

Psicología
Psykologi

Cita	Utnämning
Clínico	Klinisk
Cognición	Kognition
Comportamiento	Beteende
Conflicto	Konflikt
Ego	Ego
Emociones	Känslor
Evaluación	Bedömning
Ideas	Idéer
Inconsciente	Medvetslös
Infancia	Barndom
Pensamientos	Tankar
Percepción	Uppfattning
Personalidad	Personlighet
Problema	Problem
Realidad	Verklighet
Sensación	Känsla
Subconsciente	Undermedvetna
Sueños	Drömmar
Terapia	Terapi

Química
Kemi

Alcalino	Alkalisk
Ácido	Syra
Calor	Värme
Carbono	Kol
Catalizador	Katalysator
Cloro	Klor
Electrón	Elektron
Enzima	Enzym
Gas	Gas
Hidrógeno	Väte
Ion	Jon
Líquido	Vätska
Metales	Metaller
Molécula	Molekyl
Nuclear	Kärnkraft
Oxígeno	Syre
Peso	Vikt
Reacción	Reaktion
Sal	Salt
Temperatura	Temperatur

Restaurante #2
Restaurang nr 2

Agua	Vatten
Almuerzo	Lunch
Bebida	Dryck
Camarero	Servitör
Cena	Middag
Cuchara	Sked
Delicioso	Läcker
Ensalada	Sallad
Especias	Kryddor
Fideos	Nudlar
Fruta	Frukt
Hielo	Is
Huevos	Ägg
Pastel	Kaka
Pescado	Fisk
Sal	Salt
Silla	Stol
Sopa	Soppa
Tenedor	Gaffel
Verduras	Grönsaker

Ropa
Kläder

Abrigo	Päls
Blusa	Blus
Bufanda	Halsduk
Camisa	Skjorta
Chaqueta	Jacka
Cinturón	Bälte
Collar	Halsband
Delantal	Förkläde
Falda	Kjol
Guantes	Handskar
Joyas	Smycken
Moda	Mode
Pantalones	Byxor
Pijama	Pyjamas
Pulsera	Armband
Sandalias	Sandaler
Sombrero	Hatt
Suéter	Tröja
Vestido	Klänning
Zapato	Sko

Salud y Bienestar #1
Hälsa och Välbefinnande

Activo	Aktiv
Altura	Höjd
Bacterias	Bakterie
Clínica	Klinik
Doctor	Läkare
Farmacia	Apotek
Fractura	Fraktur
Hambre	Hunger
Hábito	Vana
Hormonas	Hormoner
Huesos	Ben
Medicina	Medicin
Músculos	Muskler
Piel	Hud
Postura	Hållning
Reflejo	Reflex
Relajación	Avkoppling
Terapia	Terapi
Tratamiento	Behandling
Virus	Virus

Salud y Bienestar #2
Hälsa och Välbefinnande

Alergia	Allergi
Anatomía	Anatomi
Apetito	Aptit
Caloría	Kalori
Dieta	Kost
Digestión	Matsmältning
Energía	Energi
Enfermedad	Sjukdom
Estrés	Påfrestning
Genética	Genetik
Higiene	Hygien
Hospital	Sjukhus
Infección	Infektion
Masaje	Massage
Nutrición	Näring
Peso	Vikt
Recuperación	Återhämtning
Saludable	Friska
Sangre	Blod
Vitamina	Vitamin

Selva Tropical
Regnskog

Anfibios	Amfibier
Botánico	Botanisk
Clima	Klimat
Comunidad	Gemenskap
Diversidad	Mångfald
Especie	Art
Indígena	Inhemsk
Insectos	Insekter
Mamíferos	Däggdjur
Musgo	Mossa
Naturaleza	Natur
Nubes	Moln
Pájaros	Fåglar
Preservación	Bevarande
Refugio	Tillflykt
Respeto	Respekt
Restauración	Restaurering
Selva	Djungel
Supervivencia	Överlevnad
Valioso	Värdefull

Senderismo
Vandring

Acantilado	Klippa
Agua	Vatten
Animales	Djur
Botas	Stövlar
Camping	Camping
Cansado	Trött
Clima	Klimat
Cumbre	Toppmöte
Guías	Guide
Mapa	Karta
Montaña	Berg
Mosquitos	Mygg
Naturaleza	Natur
Orientación	Orientering
Parques	Parker
Pesado	Tung
Piedras	Stenar
Preparación	Förberedelse
Salvaje	Vild
Sol	Sol

Suministros de Arte
Konstmaterial

Aceite	Olja
Acrílico	Akryl
Acuarelas	Akvareller
Agua	Vatten
Arcilla	Lera
Borrador	Suddgummi
Caballete	Staffli
Carbón	Träkol
Cámara	Kamera
Cepillos	Borstar
Colores	Färger
Creatividad	Kreativitet
Ideas	Idéer
Lápices	Pennor
Mesa	Tabell
Papel	Papper
Pegamento	Lim
Pinturas	Färg
Silla	Stol
Tinta	Bläck

Tiempo
Tid

Ahora	Nu
Antes	Före
Anual	Årlig
Año	År
Ayer	Igår
Calendario	Kalender
Década	Årtionde
Día	Dag
Futuro	Framtid
Hora	Timme
Hoy	Idag
Mañana	Morgon
Mediodía	Middag
Mes	Månad
Minuto	Minut
Momento	Ögonblick
Noche	Natt
Reloj	Klocka
Semana	Vecka
Siglo	Århundrade

Tipos de Cabello
Hårtyper

Blanco	Vit
Brillante	Skinande
Calvo	Skallig
Corto	Kort
Delgada	Tunn
Gris	Grå
Grueso	Tjock
Largo	Lång
Marrón	Brun
Negro	Svart
Ondulado	Vågig
Plata	Silver
Rizado	Lockigt
Rizos	Lockar
Rubio	Blond
Saludable	Friska
Seco	Torr
Suave	Mjuk
Trenzado	Flätad
Trenzas	Flätor

Universo
Universum

Asteroide	Asteroid
Astronomía	Astronomi
Astrónomo	Astronom
Atmósfera	Atmosfär
Celestial	Himmelsk
Cielo	Himmel
Cósmico	Kosmisk
Ecuador	Ekvator
Galaxia	Galax
Hemisferio	Halvklot
Horizonte	Horisont
Latitud	Breddgrad
Longitud	Longitud
Luna	Måne
Oscuridad	Mörker
Órbita	Omloppsbana
Solar	Sol
Solsticio	Solstånd
Telescopio	Teleskop
Visible	Synlig

Vacaciones #2
Semester # 2

Aeropuerto	Flygplats
Carpa	Tält
Destino	Destination
Extranjero	Utlänning
Fotos	Foton
Hotel	Hotell
Isla	Ö
Mapa	Karta
Mar	Hav
Ocio	Fritid
Pasaporte	Pass
Playa	Strand
Reservas	Reservationer
Restaurante	Restaurang
Taxi	Taxi
Transporte	Transport
Tren	Tåg
Vacaciones	Semester
Viaje	Resa
Visa	Visum

Vehículos
Fordon

Ambulancia	Ambulans
Autobús	Buss
Avión	Flygplan
Balsa	Flotte
Barco	Båt
Bicicleta	Cykel
Camión	Lastbil
Caravana	Husvagn
Coche	Bil
Cohete	Raket
Ferry	Färja
Helicóptero	Helikopter
Lanzadera	Skyttel
Metro	Tunnelbana
Motor	Motor
Neumáticos	Däck
Submarino	Ubåt
Taxi	Taxi
Tractor	Traktor
Tren	Tåg

Verduras
Grönsaker

Ajo	Vitlök
Alcachofa	Kronärtskocka
Apio	Selleri
Berenjena	Äggplanta
Brócoli	Broccoli
Calabaza	Pumpa
Cebolla	Lök
Ensalada	Sallad
Espinacas	Spenat
Guisante	Ärta
Jengibre	Ingefära
Nabo	Rova
Oliva	Oliv
Patata	Potatis
Pepino	Gurka
Perejil	Persilja
Rábano	Rädisa
Seta	Svamp
Tomate	Tomat
Zanahoria	Morot

Enhorabuena

Lo has conseguido!

Esperamos que hayas disfrutado de este libro tanto como nosotros al diseñarlo. Nos esforzamos por crear libros de la máxima calidad posible.
Esta edición está diseñada para proporcionar un aprendizaje inteligente, de calidad y divertido!

¿Te ha gustado este libro?

Una Petición Sencilla

Estos libros existen gracias a las reseñas que se publican.
¿Podrías ayudarnos dejando una reseña ahora?
Aquí tienes un breve enlace a la página de reseñas

BestBooksActivity.com/Opiniones50

¡DESAFÍO FINAL!

Reto n°1

¿Estás listo para tu juego gratis? Los utilizamos siempre, pero no son tan fáciles de encontrar. ¡Aquí están los **Sinónimos!**

Escribe 5 palabras que hayas encontrado en los rompecabezas (#21, #36, #76) y trata de encontrar 2 sinónimos para cada palabra.

Escriba 5 palabras del *Puzzle 21*

Palabras	Sinónimo 1	Sinónimo 2

Escriba 5 palabras del *Puzzle 36*

Palabras	Sinónimo 1	Sinónimo 2

Escriba 5 palabras del *Puzzle 76*

Palabras	Sinónimo 1	Sinónimo 2

Reto n°2

Ahora que te has calentado, escribe 5 palabras que hayas encontrado en los Puzzles 9, 17 y 25 e intenta encontrar 2 antónimos para cada palabra. ¿Cuántos puedes encontrar en 20 minutos?

Escriba 5 palabras del **Puzzle 9**

Palabras	Antónimo 1	Antónimo 2

Escriba 5 palabras del **Puzzle 17**

Palabras	Antónimo 1	Antónimo 2

Escriba 5 palabras del **Puzzle 25**

Palabras	Antónimo 1	Antónimo 2

Reto n°3

¡Genial! Este desafío final no es nada para ti.

¿Preparado para el reto final? Elige 10 palabras que hayas descubierto en los diferentes rompecabezas y escríbelas a continuación.

1.	6.
2.	7.
3.	8.
4.	9.
5.	10.

Ahora escribe un texto pensando en una persona, un animal o un lugar que te guste.

Puedes usar la última página de este libro como borrador.

Tu Composición:

CUADERNO DE NOTAS :

HASTA PRONTO !

Todo el Equipo